작가의 말

　세상에는 잡기를 좋아하는 사람으로 시작을 해서 돈, 이성, 술 그리고 명예를 중시하는 사람 등으로 나누어진다. 분수를 지켜 좋아하는 바를 적당히 즐기면 별 문제가 없지만 도를 지나치면 늘 문제를 수반하고, 심하면 인생파탄에 이른다.

　그 중에서도 잡기는 이기느냐 지느냐 하는 승부의 세계다. 또한 돈이 걸리게 되어 있다. 안타까운 것은 인생열차의 시발역인 20대에서부터 사회적으로 막중한 책임을 진 40대에 도박의 늪에 빠져 헤어나지 못하면 가정 파탄은 물론 일터에서도 퇴출을 당한다.

　어떻게 하면 도박에 빠지지 않고 건전한 놀이 문화로 즐길 수 있느냐 하는 점에 중점을 두어 이야기를 했다. 돈 잃고 병신이란 소리를 듣지 않으려면 이 책에 소개한 "고스톱 치는 요령 21가지"를 숙지하면 될 것이다. 또한 제시한 "친선을 도모하는 놀이 방법" 중에서 함께 즐기는 사람들의 격에 따라서 택일을 하면 도박에 빠질 일도 없고 필자가 원하는 건전한 놀이 문화로 뿌리가 내릴 것을 확신한다.

유강 김선호

1 고스톱 따라잡기

고스톱의 유래 ······ 008

용어 산책 ······ 030

고스톱 치는 요령 21가지 ······ 040

　TIP 1 동락회 고스톱 수칙　079

2 고스톱 바로 알기

화투를 치면서 인생을 배운다 ······ 084

도박으로 가지 않는 길 ······ 116

　TIP 2 통일된 규칙　128

도박 중독증에서 빠져 나오는 길 여기 있다 ······ 134

　TIP 3 친선을 도모하는 놀이 방법　150

 고스톱 인생살이

1. 산 너머 저쪽에는 햇살이   164

2. 첫 번째 고개를 넘어가 보자고   170

3. 두 번째 고개 너머에도 유혹의 손길이   190

4. 세 번째 고개 너머에는
   꽃뱀들이 혀를 날름거리고   202

    TIP 4 타짜들의 속임수 사례   212

    TIP 5 무소유 고스톱   220

고스톱의 유래

앉아서 즐기는 놀이 중에 중국에는 마작이 있고, 서양에는 카드놀이가 있다면 한국에는 고스톱이 있다. 한국에는 이조시대 장현이라는 역관이 중국의 명나라로부터 투전놀이를 배워 와서 이 땅에 전파를 했다고 한다. 우리 조상들이 투전놀이했던 자리를 현대에 와서는 고스톱이 차지하고 있다. 화투 놀이가 일본으로부터 전해 왔다는 설도 있고, 백제에서 전해 준 것을 일본인들이 발전시켜 다시 한국에 전했다는 설도 있다. 직접 전했든, 우리가 다시 역수입을 했든 일본으로부터 전해진 것은 확실하다.

* 이조시대 장현이라는 역관이 중국의 명나라로부터 투전놀이를 배워 와서 이 땅에 전파했다고 함.

화투 놀이는 1876년 개항 이후 일본으로부터 수입되어 전통놀이였던 골패와 투전을 대신하여 각계각층에 널리 보급되었다는 설이 설득력이 있다. 모든 용어가 일본말로 되어 있으니까 말이다. 우리말과 같이 익숙하게 사용하는 일본말을 어색한 우리말로 옮기지 않고, 앞으로 전개되는 모든 용어는 일본말을 그대로 사용함에 독자들의 양해를 구한다.

하이 고스톱

우리의 전통 김치가 일본에서는 기무치로, 된장이 낫또로 계승·발전시켜 그들이 즐기는 음식이 됐듯이, 화투는 일본인들에게는 잊혀져가는 놀이지만 우리들에게는 많은 사람들이 즐기는 대중놀이가 됐다. 화투는 한국전쟁을 통해 미군들이 들어오면서 그들의 카드놀이와 접목을 해서 고스톱이란 새로운 이름으로 우리에게 다가온 것 같은 생각이 든다.

화투로 할 수 있는 놀이는 민화투, 짓고땡, 섰다, 도리 짓고 땡, 모아쬬이, 600, 삼봉, 나이롱 뽕, 혼자서 할 수 있는 오관 떼기, 어린 아이들의 지능 발달을 돕기 위해 같은 그림끼리 짝 맞추기, 고스톱 등이 있다. 화투로 할 수 있는 다양한 놀이 중에서 우리들에게 가장 가깝게 다가선 고스톱에 관한 이야기를 중심으로 하고자 한다. 화투에 대한 이해를 돕기 위해 덕성여대 이덕봉 교수의 해설과 사진을 옮긴다.

*화투는 한국전쟁을 통해 미군들의 카드놀이와 접목을 해서 고스톱이란 새로운 이름으로 우리에게 다가온 것 같은 생각이 든다.

1장 고스톱 따라잡기

몇 년 전, 한 여론조사에서 국내 성인남자들이 여가 시간 때 가장 많이 즐기는 게임으로 고스톱이 1위를 차지했다. '꽃들의 싸움'으로 해석되는 화투를 고안해 낸 사람은 일본인이다.

그들은 화투를 화찰花札, 즉 하나후다はなふだ라고 불렀는데, 19세기 말 부산과 시모노세키를 오가는 상인들에 의해 한국에 유입되면서 화투로 불리게 됐다.

월별로 각각 4장씩 총 48장으로 구성된 화투는 일본 문화의 축소판이라고 할 수 있다. 화투의 낱장 하나하나가 그냥 만들어진 게 아니다. 거기에는 일본 고유의 세시풍속, 월별 축제와 갖가지 행사, 풍습, 선호, 기원의식 심지어는 교훈까지 담겨 있다.

우선 1월의 화투는 아래 그림에서 보는 바와 같이 민화투에서 20점짜리 솔광光, 5점짜리 홍단, 그리고 2장의 피로 구성되어 있다. 뻥솔 광의 화투 문양을 보면 1/4쪽짜리 태양, 1마리의 학, 소나무가 나온다. 여기서 태양은 신년 새해의 일출을, 학은 장수長壽와 가족의 건강에 대한 염원을 나타내는 그들 나름대로의 문화적 코드다.

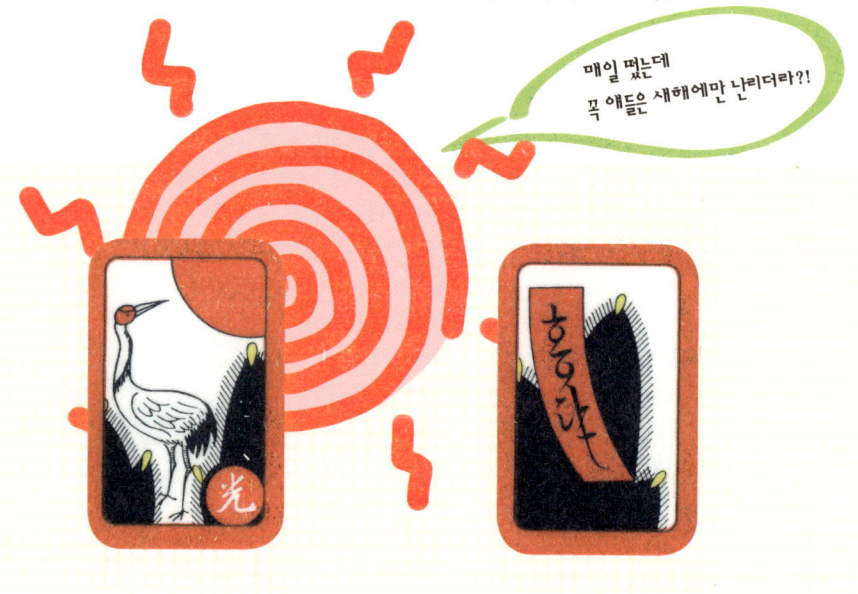

또 1월의 화투에 소나무가 등장하는 이유는 가도마쯔門松 かどまつ 행사에 소나무가 등장하기 때문이다. 1월에 맞이하는 일본의 대표적 세시풍속인 가도마쯔는, 일본인들이 조상신과 복을 맞아들이기 위해 1월 1일부터 일주일간 현관 입구에 소나무를 놓아두는 설날 행사이다.

또 1년 열두 달 중에서 8월과 11월을 의미하는 화투 팔과 오동을 제외한 나머지 10개 달의 5점짜리 화투에 등장하는 청·홍색 띠는 일명 '단책丹冊'이라고 하는 종이紙이다. 일본에서는 하이쿠俳句 はいく라는 일본의 전통 시구詩句를 적을 때, 이 종이를 사용하며 크기는 대략 가로 6cm×세로 36cm 정도가 된다. 이것 또한 일본인들의 시 짓는 문화를 상징한다고 볼 수 있다.

여기에서 한 가지 덧붙이고 싶은 것은 청색과 적색에 관한 한일 양국 간의 시각 차이다. 한국에서는 빨간색이 사망, 공산당, 화재 등과 같이 부정적인 의미를 갖지만, 일본에서의 빨간색은 쾌청한 날씨, 경사스러움, 상서로움을 나타낸다. 그런 점에서 화투 일, 이, 삼의 5점짜리가 홍단의 구성요소라는 것은, 그만큼 일본인들에게 1, 2, 3월이 매우 상서로운 달임을 말해준다.

2월을 나타내는 화투의 문양에는 휘파람새와 매화가 나온다. 2월의 화투에 매화가 등장하는 이유는, 일본의 매화 축제는 2월에 시작되기 때문이다. 매화 축제는 이바라키현 미토의 가이라쿠 매화 공원을 비롯한 전국의 매화 공원에서 동시에 개최된다.

근데 봄은 언제 온 거야?

2월은 나의 달~. 모두 나를 찬양하세요~ ♥

또 휘파람새는 일본인에게는 친숙한 '우구이스다니'라는 새다. 휘파람새와 매화는 봄의 전령사임을 노래하는 대표적 시어詩語이다. 휘파람새의 일본어 표기인 우구이스うぐいす와 매화를 뜻하는 우메うめ간에 두운 頭韻을 일치시키려는 일본인들의 풍류의식이 반영되었다.

일본의 벚꽃 축제는 3월에 **최고 절정**에 이르기 때문에, 3월의 화투 문양은 온통 벚꽃으로 가득 차 있다.

삼광의 벚꽃 밑에 그려진 것은 **만막**慢幕 まんまく이라는 휘장인데, 그것은 **지금도 일본인들의 경조사 때에 천막으로 사용되고 있다.**

4월의 화투 문양은 흑싸리가 아니라 등나무 꽃이다!

4월은 일본에서 등나무 꽃 축제가 열리는 계절이다. 그래서 4월의 화투 문양은 등나무 꽃(보라색을 띤 등나무 꽃)은 마치 포도송이와 같은 모양을 하고 있다. 따라서 아래 그림과 같이 화투를 배열해야 옳은 배열이 된다.

일본 전통시의 시어詩語로 쓰이는 등나무는 여름의 상징이며, 4월의 화투 10점짜리에 그려져 있는 두견새 역시 일본에서 시제詩題로 자주 등장할 만큼 일본인들에게 사랑받고 있는 새다. 한 가지 재미있는 것은, 이 등나무 꽃을 한국 사람들이 '흑싸리'로 착각하고 있다는 사실이다. 하지만 실제로 흑싸리는 존재하지 않는다.

대부분의 한국 사람들은 5월의 화투에 등장하는 것이 '난蘭'이라고 생각한다. 그러나 그것은 난이 아니라 붓꽃이다. 5월의 붓꽃은 보라색 꽃이 피는 습지의 관상식물로서 여름을 상징하는 시어詩語로 쓰인다.

> 초단을 좋아하는 이는 정녕 없단 말인가. 흑흑.

> 다리라고는 하는데 글쎄, 별로 다리 같진 않지?

> 내가 난 같아? 난처럼 생겼어? 어디가? 어떻게?

여기서 八자 모양의 막대는 붓꽃을 구경하기 위해 정원 내 습지에다 만들어 놓은 산책용 목재 다리이며, 3개의 작은 막대기는 목재 다리를 지지하는 버팀목이다. 일본인들은 그런 목재 다리를 '야츠하시八橋やつはし'라고 부른다.

하이 고스톱

6월의 화투 문양은 모란꽃이다. 모란꽃은 여름을 상징하는 시어詩語일 뿐만 아니라 고귀한 이미지를 갖는 꽃으로서 일본인들의 가문家門을 나타내는 문양으로 널리 사용되고 있다. 꽃과 나비하면, 바로 모란꽃을 떠올릴 정도로 동양 사회에서는 모란꽃을 꽃의 제왕으로 쳐준다.

그러나 한국화韓國畵에서는 모란과 나비를 함께 그리지 않는 것이 오래된 관례라고 한다. 그것은 당태종이 신라의 선덕여왕에게 보낸 모란꽃의 그림에 나비가 없었다는 데에서 유래한다고 한다.

참고로 6, 9, 10월의 화투 5점짜리에는 청단이 있는데, 일본에서 청색은 우울하거나 좋지 않은 일을 암시하는 색상이라고 한다.

실제로 일본에서는 6, 9, 10월에 태풍이나 집중호우로 인해 수재민들이 발생할 뿐만 아니라 평균적으로 1년 중 이 기간에 각종 사건, 사고가 많이 발생한다고 한다.

7월의 화투 문양은 싸리나무다.

7월의 화투 중에서 10점짜리에만 싸리나무 숲에서 멧돼지가 노니는 모습이 등장하고 나머지 화투에는 싸리나무만 등장한다. 7월의 화투에 멧돼지가 나오는 이유는 근대 일본에서 성행했던 멧돼지 사냥철이 7월이었기 때문이다.

1장 고스톱 따라잡기

8월의 화투 문양을 보면 산, 보름달, 기러기 세 마리가 등장한다. 이는 일본에서도 8월이 오츠키미 달구경 おつきみ의 계절인 동시에 철새인 기러기가 대이동을 시작하는 시기임을 알려주는 일종의 문화적 암호다. 또 한국에서 제작되는 8월의 화투에서 검은 색으로 처리된 것은 산이다.

10점짜리와 피에서 흰색으로 처리된 부분은 하늘을 의미한다. 8월의 화투에는 5점짜리 화투도 없고 홍색이나 청색 띠도 없다. 그것은 일본에서도 8월이 1년 중에서 제일 바쁜 추수철이기 때문에 한가롭게 시를 쓰고 낭송할 만큼의 시간적 여유가 없음을 시사하는 것이 아닐까 싶다.

고스톱꾼들이 9월의 화투를 유난히 좋아하는 이유는?

인기 랭킹 1위!!

부어라~ 마셔라~
난 참로로 국화주가 좋으네~

국화는 좋은 문양이라며?
근데 왜 우울한 청단이 끼어 있는데? 엉?

9월은 일본에서 국화 축제가 열리는 대표적인 계절이다. 따라서 9월의 화투 문양으로 국화가 등장하는 것이다. 또 9월의 화투에서 10점짜리를 보면 '목숨 수壽' 자가 새겨진 술잔이 등장한다. 이는 9세기경인 헤이안 시대부터 '9월 9일에 국화주를 마시고, 국화꽃을 덮은 비단으로 몸을 씻으면 무병장수를 한다'는 일본의 전통을 그대로 반영한 것이다.

1장 고스톱 따라잡기

특히 국화가 일본의 왕가王家를 상징하는 문양임을 고려할 때, 그것은 일왕을 비롯한 권력자들이 흐르는 물에다 술잔을 띄워 놓고 국화주를 마시면서 자신들의 권세와 부귀가 영원하기를 기원했던 것에서 비롯된 것이 아닌가 싶다.

내가 왕가?
로얄 패밀리?
리얼리?!

그래서 그런지는 모르지만 필자는 9월의 화투 문양 중에서 10점짜리 화투만 보면, 신라 시대의 고관대작들이 포석정에 둘러앉아 술잔을 기울이며 임금과 자신들의 태평과 안녕을 기원했던 풍류가 연상된다. 술잔을 의미하는 사카즈키 さかずき와 국화를 뜻하는 키쿠 きく의 말운末韻과 두운頭韻이 연속성을 갖는 점도 흥미롭다.

하이 고스톱

일본에서 10월은 전통적으로 단풍놀이의 계절인 동시에 본격적인 사슴 사냥철이다. 10월의 화투를 보면, 10점짜리 화투에 수사슴과 단풍들이 등장하는 것도 그러한 계절의 특성을 반영했기 때문이다.

사슴을 의미하는 시카鹿 しか와 단풍을 뜻하는 카에데丹楓 かえで 간에도 말운末韻과 두운頭韻이 일치하는데, 이것 역시 우연의 일치는 아닐거라 생각한다.

1장 고스톱 따라잡기

고스톱을 즐기는 한국인들의 가장 좋아하는 것은 오동이다. 속칭 '똥광'으로 불리는 오동의 광光은 광으로도 쓸 만하고 피皮 역시 오동만이 유일하게 3장이다. 물론 일왕을 상징하는 9월의 화투 중에서 10점짜리가 쌍피가 되겠다고 하면, 9월의 화투도 피가 3장이 될 수 있다. 한국인들에게 더러움, 지저분함, 고약한 냄새의 이미지를 주는 오동이, 왜 고스톱꾼들에게는 제일 각광 받는 화투패가 되었을까? 그 비밀은 오동의 화투 문양에 있다.

11월의 화투 문양 중에서 검정 색깔의 문양은 오동 잎이다. 일본 화투를 보면, 오동 잎이 매우 선명하게 묘사되어 있다. 또 오동 잎은 일왕보다도 더 막강한 힘을 갖고 있었던 막부幕府의 쇼군을 상징하는 문양이며, 지금도 일본 정부나 국공립 학교를 상징하는 문양으로 사용되고 있다.

12월의 화투 문양을 보면 20점짜리 '비'광에는 우산을 쓴 선비, 청색의 구불구불한 시냇가, 개구리가 등장한다. 또 10점짜리 화투에는 제비가 나오고, 쌍피로 각광을 받는 '비'피를 보면 정체불명의 그림이 그려져 있다.

절기節氣 상으로 12월은 추운 겨울에 해당된다. 그런데도 불구하고 '비'광을 살펴보면 웬 낯선 선비 한 분이 우산을 받쳐 들고 '떠나가는 김삿갓'처럼 어디론가 가고 있다. 그리고 축 늘어진 수양버들 사이로 실개천이 흐르고 있고, 그 옆에는 개구리 한 마리가 앞다리를 들며 일어서려는 모습을 하고 있다.

여름 양산과 땅속에서 겨울잠을 자고 있어야 할 개구리가 혹한酷寒의 계절인 12월에 등장하는 것 자체가 매우 신기하다. 그러나 '비'광 속에 나오는 그림은 과거 일본 교과서에서도 소개된 적이 있는 유명한 '오노의 전설'을 묘사한 것이다. 즉 '비'광 속의 갓 쓴 선비는 오노노도후小野道風라는 일본의 귀족으로서 약 10세기경에 활약했던 당대 최고의 서예가다.

날 좋아하는 사람은 정말 아무도 없는거야? 흑흑…

한국 화투에서는 일본 화투에 나오는 그 선비의 갓 모양만 일부 변형시켰을 뿐, 나머지는 일본 화투와 동일하다. 또 개구리를 뜻하는 카에루 かえる와 양산을 의미하는 카사 かさ의 두운頭韻이 일치하는 것 또한 우연이 아닐 것이다.

하이 고스톱

화투 '비'에 숨겨져 있는 엄청난 비밀과 교훈

'오노의 전설'에 대한 내용은 대략 다음과 같다. 일본의 서예가였던 오노가 붓글씨에 몰두하다 싫증이 나자 잠시 방랑길에 올랐다. '비' 광에 등장하는 선비의 모습이, 머나먼 방랑길을 떠나는 오노의 모습이다. 그런데 오노가 수양버들이 우거진 어느 길목에 다다랐을 때, 아주 이상한 광경을 발견했다. 그것은 개구리 한 마리가 수양버들에 기어오르기 위해서 안간힘을 쓰는 것이었다. 개구리는 오르다가 미끄러지고 또 오르려다 미끄러지기를 여러 차례 반복했지만, 그 실패에 굴하지 않고 계속해서 오르기를 시도하는 것이었다.

1장 고스톱 따라잡기

오노는 계속되는 실패에도 좌절하지 않고 수양버들에 기어오르기 위해 노력하는 개구리의 모습을 한참 동안 지켜보았다. 그리고는 "미물微物인 저 개구리도 저렇게 피나는 노력을 하는데, 하물며 인간인 내가 여기서 포기해서 되겠는가?"라는 깨달음을 얻은 뒤, 곧장 왔던 길을 되돌아가 붓글씨 공부에 정진하였고 결국 일본 최고의 서예가가 되었다고 한다.

하이 고스톱

용어 산책

고도리　고바가지　삼오칠구
밤일낮장　독박
쌍쌍파티　쪽
　　　소당　쓰리고

경제, 철학, 건축과 골프 등등 한 발짝 깊게 들어가면 전문가들이 사용하는 전문용어가 있다. 문외한은 전혀 이해를 할 수 없는 말들이다. 고스톱에도 그들만이 사용하는 전문용어가 있고, 일본에서 들어온 놀이이기에 일본말이 많이 있다. 그래서 우리말로 번역을 해 놓으면 자연스럽지 못하다. 능력에 따라서 초급, 실눈을 뜬 중급, 놀이를 즐기면서 할 정도가 되면 고수라고 한다. 또한 놀이가 아닌 돈 따먹기를 업으로 하는 이들을 타짜라고 한다. 본인이 중급으로 생각하고 놀이를 할 정도라면 시간 낭비이기에 아래의 용어 해설은 읽을 필요가 없다. 초보자들을 위하여 전문용어를 해설하니 참조하기 바란다.

고

영어의 고(GO)에서 온 말이다. 기본 점수인 3점 또는 그 이상을 우선 득한 사람이 점수에 만족하지 못했을 때, 추가 점수를 득할 목적으로 놀이를 계속 진행하겠다는 의사표시다.

고도리

새 다섯 마리를 뜻한다. 매조열에는 새가 한 마리 있고, 흑싸리에도 새가 한 마리 있다. 또한 팔공열에는 세 마리의 새가 있는데 이들을 합하여 고도리라 한다.

고리

놀이가 끝날 때마다 승자의 이긴 금액에서 일정한 비율로 돈을 받아내는 것을 말한다.

고바가지

바가지는 순수한 우리말이다. 박을 둘로 쪼개어 속을 파내고 삶아서 만든 용기다. "바가지를 쓰다"라는 말은 어떤 일을 한 결과 손해를 보거나 책임을 진다는 말이다. 고를 한 사람이 일정한 점수를 내지 못한 상태에서 상대가 점수를 내고 스톱을 걸 경우 고를 한 사람이 두 사람의 몫을 지불하는 제도다.

기리

일본말로 자른다는 뜻이다. 한 놀이가 끝난 후 헝클어진 패를 정돈하여 놓으면 말이 패를 이리저리 바꾸어서 재 정돈을 하는 것을 말한다.

나가리판

고를 부른 사람이 추가 점수를 내지 못하고, 다른 사람도 점수를 내지 못한 상태에서 놀이가 끝나는 것을 말한다.

독박

땡큐!!!

받아라, 나의 패!!!

상대가 많은 점수를 낼 것 같은 상황에 이르면 점수가 적게 나는 사람에게 결정적인 패를 주어서 이기게 한다. 이 경우 독박을 쓴 사람이 두 사람의 몫을 승자에게 낸다.

도쬬

타짜들에게 통용되는 말이다. 패를 높이 들어 치거나 또는 패를 조여서 패를 바꾸는 행위를 말한다.

하루 이틀 솜씨가 아니군...

화려한 손놀림!! 슉슉 이것은 입에서 나는 소리가 아니다! 화투패가 허공을 가르는 소리다!

밤일낮장

놀이가 시작되기 전에 선을 누가 할까를 정할 때 낮에는 12개 패 중에서 제일 끝순서인 비광부터 시작하여 가장 높은 패를 잡은 사람이, 밤에는 솔부터 시작하여 가장 낮은 패를 잡은 사람이 선이 되는 것을 일컫는 말이다.

1장 고스톱 따라잡기

비도리

들어는 보았나, 전설의 비도리!

고도리에 비열을 추가하면 6점을 주는 규칙을 말하나 지금은 거의 사용하지 않는다.

약단

솔띠, 매조띠와 사쿠라 띠를 홍단이라 하고, 초띠 흑싸리띠와 싸리띠를 초단이라고 한다. 또한 목단띠, 국준띠와 풍띠를 청단이라고 한다. 이를 3단이라고 한다. 현재는 민화투가 아니고 고스톱이기 때문에 약의 의미는 약하다.

삼오칠구

점수계산 방법이다. 돈을 잃고 따는 것에 중점을 두지 않고 친선을 도모하는 놀이에서는 놀이에 거는 돈의 액수를 줄이기 위하여 만든 제도이다. 기본 점수가 났을 때 주는 금액을 정하고 5, 7, 9, 11, 13과 같이 두 점이 올라갔을 때 점수를 가산하여 주는 방법이다.

쌍쌍파티

같은 종류의 패가 두 장씩 두 목이 손에 들어 왔을 때를 말한다. 이길 승률이 희박한 패다.

설사

한 패를 쳤는데 뒤집은 패에서 같은 패가 나와서 3장이 바닥에 있는 상태를 말한다.

쇼당

한 패를 던지면 A가 득점을 할수 있고 또 한 패를 던지면 B가 득점할 수 있는 상황이 왔을 때 상대인 A와 B에게 어떤 패를 내야 되는지를 묻는 거다. 대개의 경우 합의 쇼당에 이른다. 그러나 한쪽에서 거부를 하면 OK사인을 한 쪽의 패를 던지고 그가 득점을 하면 쇼당을 건 사람은 지불 의무를 면한다. 보험에 든 거나 다름이 없다.

쓰리고

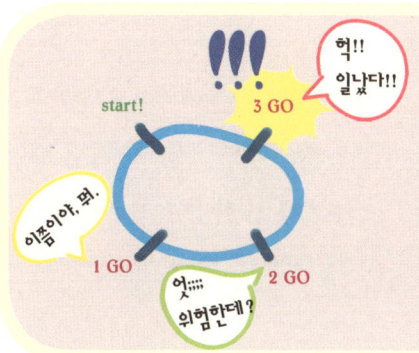

고를 부른 사람이 두 번 더 고를 하면 합이 세 번 고를 부른 결과가 된다. 세 번 고를 했다고 해서 쓰리고라고 한다. 난 점수에 배를 계산한다.

5광패

화투에는 광이 5장 있다. 진광 5장이 손에 들어올 때가 있고, 바닥패에 깔릴 수도 있다. 그러나 5광패는 드문 일이다

금액상한제

상대가 높은 점수를 내면 많은 돈을 내야 한다. 그래서 친선을 도모하는 놀이에서는 일정한 금액을 정하고 그 이상은 지불하지 않는 방법이다.

쪽

키스를 할 때 나는 소리에서 온 말인 것 같다. 패가 말려서 칠 패가 없을 때 새로운 패를 던졌는데 던진 패와 똑같은 패를 뒤집어서 맞아올 때를 말한다.

파토

화투장을 잘못 나누어 주거나, 중간에서 화투장 수가 모자라거나 남을 때를 말한다.

판쓸이

바닥패에 두 장이 있을 경우 손에서 든 패로 한 장을 치고 뒤집은 패에서 나머지 한 장을 맞추었을 때를 말한다.

포카드

받은 패 중에 같은 문양이 4장 들어 왔을 때와 조커를 사용하여 기리패에서 가져온 패가 손에 든 3장과 합하여 4장이 됐을 경우를 말한다.

흔들기

손에 든 패가 같은 종류의 3장일 때 그 3장을 상대들에게 보여주는 행위를 흔들기라고 한다.

제가 나면 두 배라는 거! 따블~~!

쌍흔들기

받은 패에 같은 종류의 패가 3장씩 두 쌍이 있을 때를 말한다.

미션(MISSION)

매 판마다 피를 10장 먼저 한 사람에게 배를 주거나 국진 10과 띠를 한 사람에게 몇 배를 주기로 하는 등 작은 조건을 걸고 하는 놀이다. 현대 인터넷 고스톱 판에서 많이 쓴다.

Mission Impossible!!

고스톱 치는 요령 21가지

삼십육계 줄행랑이 최고의 수다. 화투 놀이에 흥미가 없다면 더욱이 그렇다. 한 번 발을 잘못 들여놓으면 예기치 않은 낭떠러지에 떨어져서 평생을 후회할 수가 있다. 화투 놀이는 마약과 같이 중독성이 있다. 경험도 없는 사람이 한 번 실수로 잃은 돈을 찾기 위해 손을 댔다가 노름꾼으로 전락을 하면 패가망신을 한다. 정신을 차린들 이미 엎질러진 물이다. 수습할 길이 없다. 명절 때 가족들이 모인 자리, 손님을 접대하기 위해 마련한 자리에서 막간을 이용해 하는 놀이. 심심풀이로 친한 친구들과 하는 놀이 등등 피치 못할 경우에는 주머니를 열고 좀 잃어 준다는 생각을 가지면 된다. 오히려 놀이에 능숙하지 못한 사람이 놀이에 이길 수도 있고 분위기를 띄울 수도 있다. 화투 놀이를 조금 알고, 더 알아서 상대를 이기고 싶다면 아래의 치는 요령을 숙독하면 질 이유가 없고, 져도 아주 작게 질 것이라고 자신 있게 말할 수 있다.

놀이방법

두 사람일 경우

바닥패에 8장을 깔고 각자의 손에 10장의 패를 갖는다. 이는 전 게임을 다 소화하는 방법이고, 바닥패에 6장을 깔고 손에 8장을 들고 하는 방법도 있다. 이는 놀이가 중간에서 끝이 난다. 기리패에 숨어 있는 패가 있기에 더욱더 재미를 더한다. 부부가 함께 또는 연인들끼리 화기애애하게 함께 즐길 수 있는 놀이다.

세 사람에서 다섯 사람일 경우

바닥패에 여섯 장을 깔고 각자의 손에 일곱 장을 갖는다.

셋이 놀이를 하면 팍팍하다. 지는 사람이 계속하여 질 수 있다. 다섯 명이 놀이를 하면 산만해질 수 있다. 가장 합리적이고 재미가 있는 때는 넷이서 놀이를 하는 경우다. 쉬어 가면서 놀이에 참석을 하고, 쉴 때는 화장실도 가고, 담배를 피울 사람은 밖에 나가 담배를 피우거나, 남들의 놀이 방법을 배울 수 있는 좋은 기회가 된다.

1. 전체 화투장 수를 파악해야 한다

전체 장수는 48장이지만 조커를 몇 개 넣느냐에 따라서 전체 장수에 변화가 온다. 조커를 많이 넣을수록 도박이 될 수 있다. 친목 놀이에서는 보통 두 장을 넣는다. 합이 50장이다. 구성을 보면 광이 5장, 열이 9장, 띠가 10장, 피가 24장이다. 그러나 조커를 2장으로 계산을 하면 피가 4장, 비피를 2장 넣고 국준열 그리고 오동의 빨간 피를 2장으로 계산해서 피를 6장으로 계산하면, 피의 합계는 34장이 된다. 조커를 3장 넣으면 피의 숫자 합이 36장이 된다. 비열을 빼고 비피를 넣기 때문에 열의 수자는 8장이 되고, 비피와 오동은 이미 피의 장수인 24장에 포함됐으므로 중복 계산을 피했다. 피의 위력이 대단하다. 광이나 약단을 중심으로 놀이를 하는 민화투와는 전혀 다른 양상을 띤다. 그래서 고스톱에서는 광이나 약단을 하려고만 하는 사람을 촌놈이라고 한다. 일리가 있는 말이다.

이 책의 정수인 고스톱 치는 요령만을 몇 번 읽어서 터득하면 화합을 위한 판에 끼어들어서 병신 소리 듣지 않고 당당하게 분위기를 맞출 수도 있다. 초보자는 모르는 사람과는 절대로 놀이를 해서는 안된다. 발을 잘못 들여놓으면 인생을 망칠 수도 있으니 하는 말이다.

2. 피로 승부를 내라

 승부수는 피에 있다. 위에서 설명했듯이 피의 전체 숫자는 조커를 3장으로 할 경우, 36장이 된다.
 조커, 비피, 오동열 그리고 국진열과 같이 2장으로 계산을 하는 피가 많기 때문에 3점을 만드는 것은 약단이나 광을 하는 것과 같이 쉽다. 특히 흔들기나 자뻑일 경우, 피를 2장 주는 놀이에서는 판세가 순식간에 확 바뀐다. 적당히 상대의 약단과 광을 피하거나 차단을 하면 대량 득점의 기회가 온다. 한 사람이 피를 많이 하면 상대는 피박을 면할 수가 없다.
 이긴 점수의 배가 되니 할 만한 장사가 아닌가?
 3점으로 쉽게 이기려면 홍단, 청단, 구사, 광(비광은 제외)이고, 5점으로 나려면 고도리, 많은 점수를 내려면 역시 피다. 그러나 모든 놀이는 두 판에 끝이 날 수가 있다. 예를 들면 손에 패로 이매조 홍단을 치고 삼 사쿠라 홍단이 뒤로 맞아 왔다면 다음 차례가 왔을 때 일 솔 홍단을 치거나 뒤로 맞아 오면 3점이 나서 쉽게 이긴다.
 한 판이 끝난다. 한 판에 걸리는 시간은 10분 이내이다. 단기에 승부가 결정된다. 쉽게 승부가 날 것 같아도 두 사람의 상대가 견제를 하기 때문에 쉽지는 않다. 야구에서와 같이 견제구를 잘 던져야 한다. 약단은 점수가 나도 3점이고 상대들의 견제가 심해지기 때문에 고를 해도 추가 점수를 내기 어렵다.

   피의 경우는 다른 얼굴로 무섭게 다가온다. 조커를 2장 내려놓고 비피로 비피를 치고, 오동 빨간 피 또는 국진열이 피로 뒤집은 패에서 맞아 왔다면 피의 합계는 졸지에 11장이 된다. 놀이의 흐름은 한쪽으로 완전히 기운 상태다. 상대는 피박을 면할 길이 없다. 난 점수에 배로 계산을 해야 한다. 더 무서운 것은 점수를 낸 사람이 고를 한다. 빨리 연합 전선을 구축해야 한다. 피로 점수 내면서 달려드는 선수의 다음 사람은 손에 쥔 약단이 있다 할지라도 바른 쪽 사람이 청단을 쳤다면 본인의 것을 포기하고 청단패를 내주어서 견제를 해야 한다. 한 발 늦으면 쓰리고에 피박을 써서 상한가를 면하기 힘들어진다. 상대가 초구에 피를 5장 이상 했을 때도 비상등을 켜고 경계 태세로 들어가야 한다. 물론 본인은 이길 것을 포기하고 소당 또는 작은 점수가 나는 쪽으로 밀어주어야 본인의 손해를 최소화 할 수가 있다. 조커, 국진열, 빨간 오동 그리고 비피는 광보다 몇 배는 값진 거다.

1장 고스톱 따라잡기

3. 첫 번째 치는 패를 기억하라

 야구에서는 초구를 조심하라 했다. 뜻하는 바는 다르지만 첫 번째라는 말에 의미가 있다. **상대가 첫 번째 치는 패가 무엇이냐를 기억하는 게 중요하다.** 공격을 하려는 것인지, 방어를 하려는 것인지를 잘 파악해야 한다. 대체로 공격을 하기 위한 몸짓이라고 보면 틀림없다. 두 번째 치는 패를 보면 상대의 의중을 확실하게 알 수가 있다. 방어를 위한 것이냐, 공격이냐가 확연하게 나타난다. 처음에 홍단을 치고 두 번째에 쌍피를 친다면 그는 홍단을 하려는 사람이다. 바닥패를 갖고 나와서 치는 것은 의중이 담긴 것이고, 기리패를 뒤집어서 바닥패에 맞는 것은 본인의 의사와 관계가 없는 것이다. 손에 든 패를 치는 것은 모두 기억을 해야 한다.
 바둑에서도 고수들은 그렇게 많이 놓은 바둑돌을 쉽게 복귀한다. 손에 든 패는 일곱 장이니 기억하기에 그렇게 어려운 일이 아니다. 모든 과정을 기억하면 전체의 흐름을 파악할 수가 있고, 상대의 의중을 추리해서 읽을 수 있다. 앞에 사람이 쌍피를 던지는 것은 두 장을 들고 있거나 아니면 나를 밀어주기 위한 몸짓이거나 결정적인 패를 가지고

똥마려운 강아지와 같이 전전긍긍하는 게 틀림없다. 어쩌면 보초를 서면서 "보초 중 이상무"를 보고하면서 보초를 서는 중일 수도 있다.

1장 고스톱 따라잡기

4. 작은 점수는 쉽게 줘야 한다

　상대가 피로 점수를 나면 많은 점수를 잃을 수 있다. 물론 잘못하면 피박까지 쓴다. 선이 비피 두 장을 치고 빨간 오동이나 국준열이 기리 패에서 맞아 왔다면 한 번에 피가 일곱 장이 된다. 감춘 패에 조커가 두 장이 있다면 다음 차례에는 단숨에 피가 11장이 될 수가 있다. 승리의 여신이 한쪽으로 날개를 편 것이다. 방법은 나머지 두 사람이 사력을 다해 위기를 모면하기 위해서는, 서로에게 3점이 날 수 있도록 도와주어야 한다. 군사 작전에서 연합 전선을 형성하는 것과 같다.
　혼자만 살려고 하면 모두 죽는다. 한 사람이 살기 위해서 자기를 포기하고 상대를 도와주면 작은 점수로 놀이가 끝난다. 이런 사항일 때 초보자와 고수의 차이가 난다. 작은 점수는 쉽게 주고 큰 점수가 날 때는 위험을 무릅쓰고 과감하게 고를 한다. 인생살이와 같다. 고스톱에서 매일 지는 사람은 작은 것에 연연하고 혼자만 살려고 한다. 전체를 읽지 못한다. 이길 때는 3점이고 질 때는 쓰리고에 피박까지 써서 많은 점수를 잃는다. 늘 패자의 자리에 앉아서 후회만을 거듭한다. 후회를 한들 아무 소용이 없다. *시야를 넓히고, 작은 이익에 집착하지 말고 먼 곳을 바라보면서 살아가는 방법, 전체를 생각하면서 인생길*

을 가다보면, 그 길이 본인을 위하는 길이 아닐까 하는 생각을 해 본다.

1장 고스톱 따라잡기

5. 폭탄을 조심해야 한다

손에 같은 패를 세 장 가지고 있다면 폭탄의 기회가 온 것이다. 절호의 기회다. **언제 폭탄을 투하할 것인지를 예의 주시하고 상황에 따라서 시기를 결정해야 한다.** 시기 선택이 점수에 많은 영향을 준다. 물론 표정도 감추고 있어야 한다. 시한 폭탄을 손에 들고 있으니 스릴만점이다. 또한 같은 패 세 장을 손에 들고 있을 때 나머지 한 장이 바닥 패에 있으면 천만다행이다. 그렇지 않을 경우는 기리 몫에서 나오거나 상대가 던져줄 때만을 기다려야 한다. 낚싯대를 물가에 드리우고 큰 고기를 기다리는 심정이다. 결정적인 상황이 아니라면 상대에게 패를 던지면서 때를 기다린다. 힘들어도 기다려야 한다. 승부를 단 한 번에 바꿀 수 있기 때문이다. 특히 국진이나 오동과 비(비열을 빼고 피를 넣었을 경우)일 경우는 한 번에 피 여섯 장을 끌어들일 수 있으니 치명타를 줄 수가 있다. 그러나 상황이 급변해서 상대가 스톱 점수를 낼 상황이라면 적기에 포기를 하는 것도 하나의 전술이다. 국회의원 선거에서 차점은 늘 의미가 없기 때문이다. 손에 쥔 패는 본인 외에는 아무도 모른다. 자기가 점수를 내기 위해 판에 얼굴을 내밀지 않은 화투 패를 던지는 것은 위험천만한 일이다. 굳은 패를 내거나 본인이 가지고 있는 두 장 중에서 하나를 내는 것이 기본이다. 그러나 겁을 집어먹고 손에 꼭 쥐고만 있을 일도 아니다. 상황에 따라서 과감하게 낼 수 있는 용기도 필요하다.

1장 고스톱 따라잡기

6. 뻑(설사)을 피해야 한다

설사가 나쁘게 작용을 하는 것만은 아니다. 자기가 두 장을 갖고 있을 때와 자기가 한 설사패가 뒤로 맞아올 때, 그리고 상대가 고를 했을 때 또 다른 상대가 설사한 것을 가져갈 때이다. 위의 경우 외는 백 번 불리하다. 손에 든 일곱 장을 하나하나 뽑아야 한다. **네 번째 칠 때부터 조심을 해야 한다. 뒤로 갈수록 설사할 확률이 높다.** 특히 손에 마지막 두 장이 남았을 때 조심을 해야 한다. 국진이나 오동일 경우는 치명타를 입는다. 고수는 오히려 상대에게 설사를 유도한다.

마지막 한 장은 말을 할 필요가 없다. 그러나 상대가 고를 했거나 한 장도 판에 보이지 않을 때는 두 사람이 한 장씩 갖고 있을 경우도 있다. 그런 경우는 눈 감고 치고 간다. 초보자일수록 화투장의 같은 패를 갈라놓지 않고 같은 것끼리 정리를 한다. 승리를 자신할 수 없는 패를 가진 사람이 들어갈 때 남들이 설사를 하고 난감해하는 표정을 보기 위해 같은 종류의 패를 겹쳐 놓을 때가 많다. 기리 묶에서 뛰는 놈을 치면 뻑 할 확률이 높다. 조커가 있으면 조커를 사용해서 설사를 피할 수도 있다. 중반으로 갈수록 설사할 확률이 높고 종반에 접어들면 위험천만이다. 바닥패가 국진, 오동과 비일 경우에는 대형 사고를 유발한다. 고수는 높은 점수로 이길 수 있는 기회이고 초보자는 대량 실점의 위기가 온 것이다. 손에 든 패가 일곱 장일 때는 어쩔 수 없지만 여섯 장째인데 치지 않으면 독박일 경우에는 독박이 득이 되는지 아니면 설사를 해서 지는 것이 유리한지 득실을 계산한 후 쳐야 한다. 물론 설사를 한 패가 본인에게 올 수도 있고 왼쪽에 있는 이에게 갈 수도 있다. 올바른 선택을 해야 한다. 대량 실점의 위기는 대량 득점의 기회이기도 하다. 절대로 패에 굳은 패가 있으면 그것을 쳐서 설사를 피하기도 하고, 두 장이 모두 새로운 패라면 손에 든 패를 내놓고 칠 수도 있다. 뛰는 놈을 잡으라는 말은 잘못된 말이다. 초반이 지나고 나면 중반 이후에는 설사할 확률이 높다. 그러나 본인이 두 장을 가진 패라면 설사를 하기 위해 만사 제하고 과감하게 친다. 성공할 확률이 높다. 그날의 징크스 패가 있다. 패가 나와도 칠 필요가 없다. 가능하면 피해야 한다. 본인이 바닥에 내던진 패를 칠 때는 설사할 확률이 높다. 기리 몫에 다른 두 장이 있기 때문이다. 말은 여섯 번째 새로운 패가 나오면 말이 치지 않으면 선이 득점을 할 경우라 하더라도 독박을 각오하고 치지 않을 수도 있다. 선이 설사를 하면 말이 대량 득점할 기회가 오기 때문이다. 선이 이겼을 경우 놀이가 끝나면 말의 패를 확인할 필요가 있다. 고수일수록 독박인데도 패를 남모르게 슬쩍 섞어버려서 독박을 피하기 때문이다.

1장 고스톱 따라잡기

7. 흐름이 있고 끗발이라는 게 존재한다

일명 끗발이라고 한다. **놀이가 잘 풀릴 때는 미친년 널뛰듯이 화투장이 날아다닌다.** 생각한 대로 풀려 간다. 몇 번을 계속하여 이길 수가 있다. 웬만한 패면 고를 해도 된다. 재운이 비추고 있으니 걱정할 필요가 없다. 승리의 기쁨을 만끽할 수 있는 날이다. 패자는 잃은 돈을 한 번에 만회하기 위하여 무리수를 놓는다. 좋은 기회가 온 것이다. 심리전을 전개해야 한다. 끝나는 시간을 합의하에 도출한다. 패자는 끝난다는 말만 들어도 마음의 안정을 잃고 흔들리던 마음이 춤을 추기 시작한다.

만회할 시간이 얼마 남지 않았으니 승률이 없는 패를 가지고도 고를 연발한다. 화장실에 갔다 온 후 패자의 바른쪽으로 자리를 바꾸면 광을 팔 기회가 많이 온다. 광 장사만 해도 수입이 짭짤하다. 이미 이긴 점수가 많으니 느긋하게 남들이 노는 구경을 하면서 기회가 오면 매가 하늘에서 빙빙 돌며 탐색을 하다가 병아리를 낚아채듯이 모질게 후려친다. 승부의 세계는 냉혹하다. 끝나는 시간을 입에 올릴 필요도 없다. 패자가 보는 앞에서 소매를 걷어 올리고 손목시계를 본다. 시간에 대한 압박이다. 패자는 더 마음이 조여 온다. 끝나는 시간이 임박해 오면 어떻게 하겠느냐고 의사를 묻는다. 물어볼 필요도 없이 연장을 원하는 패자의 마음을 알면서도 패자의 마음을 또다시 흔들어 놓는다.

"연장을 해야지! 이승만 대통령도 4·19 때 국민이 원하면 하야를 한다고 했는데, 원하면 연장을 해 줄게."

시혜를 베푸는 척 한 마디한다.

"두 시간 연장이야."

긴 연장은 상대에게 안정감을 준다. 되도록 짧게 여러 번 연장을 해서 상대를 불안하게 한다. 짧게 이렇게 몇 번 연장을 하다보면 동쪽 하늘에 먼동이 터 오는 새벽이 온다. 패자의 눈에는 열기가 가득하고 주머니는 가벼워진다.

일어설 시간이다. 몇 번 연장을 해 주었으니 패자는 할 말이 없다. 두둑해진 지갑을 주머니에 넣고 단호하게 일어선다. 뒤통수가 따가울 필요도 없다. 패자는 승자의 떠나는 모습을 슬픈 눈으로 바라보면서 다음을 기약해야 하는 시간이다.

1장 고스톱 따라잡기

고스톱을 치면서

너와 함께하면
온 세상 쓰레기를 하얗게 덮어 버리는
흰 눈이여서 좋고
텅 빈 가슴을 적셔주는
가랑비여서 좋다.
산모퉁이를 돌아가면서 흔들던
아쉬움의 손짓을 잊을 수 있어 좋고
고개를 넘을 때마다 살갗을 찢어 내던
아픔을 잊을 수 있어 좋다.
밤을 하얗게 누벼도
밤이 가는 건지
내가 가는 건지
새벽은 오고
또 밤이 줄 다름 쳐 오네그려.
시간 속에 녹아 있는 사람
지나치는 세월을 누가 알겠나!

하이 고스톱

8. 건강 상태가 좋아야 하고 놀이가 안되도 화를 내면 안된다

전날의 피로가 가시지 않거나 화를 내면 전체를 읽을 수가 없다. 바닥패에 있는 것도 못 보고 다른 패를 내기도 하고, 고를 해야 할 시점에 스톱을 한다. 그뿐인가?

고를 하면 금세 패하는 상황인데도 상대가 정리를 해 놓은 패를 정확하게 보지 못하고, 고를 해서 패하게 된다. 흔들고도 잊어버리고 약단을 해 놓고도 종합 점수 계산에 넣지를 못 한다. 건강 상태는 무엇보다도 중요하다. 놀이 전에 목욕을 갔다 오거나 잠을 좀 자서 피로를 확 풀어야 한다. 정신이 맑으면 상대가 치고 받은 것을 모두 기억하기 때문에 전체를 다 읽으면서 놀이를 하게 되니 많은 점수로 이길 수가 있고, 진다하더라도 아주 작게 진다. 고수들은 상대를 화나게 만든다. 이 또한 작전이다. 화를 내면 덫에 걸려든 셈이 되니 그날의 호구가 된다.

인생살이와 같다. 한 번에 많은 점수를 해야겠다는 욕심이 화를 부른다. 만회를 할 수 있는 시기는 쇠털같이 많이 있다. 오늘은 좀 맡겨 놓고 간다는 느긋한 마음 자세가 필요하다.

"다음에 보세, 다시 만날 때까지 감기도 앓으면 안되니 건강하게나!"라고 하면서 헤어질 수 있는 마음의 여유가 필요하지 않을까 한다.

항상 소당을 염두에 두고 놀이를 하라

중반에 접어들면 상황 파악이 확실하게 된다. 내가 이길 것이냐? 이길 수가 없다면 작게 지거나 소당 패를 만들어야 한다. 그러나 비나 오동 또는 국진이 바닥패에 있거나 상대가 먹어간 패에도 보이지 않을 때는 섣불리 밀다가는 크게 질 수 있으니 조심을 해야 한다. 고수들은 패를 대면서도 삼패를 당기지 않는다. 당기면 상대들이 경계를 하고 서로 밀고 당기면서 점수가 작게 나는 쪽으로 민다. 양독을 써도 계산상 이익이 되면 양독을 기쁜 마음으로 쓴다. 상대가 고를 하기 전에 한 다리를 뛰어 넘는다 해도 과감하게 왼쪽 사람에게 패를 던진다. 이길 수 있었던 사람은 화가 난다. 바른쪽 사람에게 밀기는 쉬워도 왼쪽 사람에게 밀기는 어렵다. 좌측 선수의 상승기류를 꺾기는 어려워도 우측 선수를 도와주기는 쉽다. 초보자는 보고도 보질 못하니 놀이에서 질 수 밖에 없다. 고수는 일급 요리사다. 짠 음식과 싱거운 음식을 마음대로 만들어 내는 재주가 있다. 상황에 따라서 밀고 당기는 일을 능수능란하게 한다. 고수의 바른쪽에 자리를 하면 초보자는 많은 도움을 받는다.

10. 배판(double)을 노려라

폭탄, 나가리, 쓰리고, 광박, 피박, 멍텅구리(열짜리로 3점)로 난 점수는 배로 계산한다. 나가리판이나, 흔들기패가 손에 들어왔을 때 초보자들은 으스스 떨려서 놀이를 피한다. 고수들은 좋은 기회로 생각하고 덤벼든다. 더욱이 상승기류를 타고 있을 때는 아주 나쁜 패라 할지라도 놀이에 동참한다.

놀이는 혼자서 하는 게 아니고 셋이서 하기 때문이다. 고를 함으로서 배판이 될 경우는 상대를 견제할 패를 가지고 있지 않을 경우도 상대에게 패할 각오로 고를 한다. 지면 작게 주고 이기면 대박이다. 예를 들면 마지막 사람이 고를 부르면 쓰리고가 되고 중간 사람이 구사를 두 장 해놓았다 가정을 하자. 마지막 사람이 4월 흑사리띠를 들고 있다면 승률이 100%이고, 피나 열자리를 들고 있다면 승률은 50%이다. 그러나 중간 사람이 설사할 경우, 고도리에 멍텅구리까지 할 수 있다면 난 점수에 2배수가 된다. 광박에 피박까지 되면 8배수가 된다. 그날 놀이는 끝이 난다. 초보자는 덜덜 떨면서 고를 부르지 못한다. 놀이에서 이길 때는 3점이고 질 때는 대량 실점을 한다. 뚝심이 없고 배짱이 없으면 늘 패자의 자리를 지킬 수밖에 없다. 그럴걸! 이랬을 걸! 걸걸하면서 후회를 일삼는 사람들은 일생을 후회만 하고 산다. 기회의 신은 뒷머리가 없다. 늦게 기회를 잡으려 해도 기회의 신의 뒷머리가 없으니 잡을 곳이 없다. 한 번 놓치면 영영 오지 않는다.

첫 쪽, 첫 동시패션, 첫 설사는 보너스로 돈을 받는다. 위에서 말한 바와 같이 첫 설사가 비와 오동 그리고 국진일 경우는 대량 실점으로 이어질 수가 있으니 조심해야 한다.

11. 현금 확보가 제일이다

　서양 카드놀이는 선지불 방법이다. 배팅을 하기 위해 현금을 쌓아 가고 승자는 모인 돈을 가져가면 된다. 돈이 바닥난 사람은 자연도태가 된다. 고스톱과 중국의 마작은 놀이가 끝난 후 돈을 지불한다. 말하자면 후불제다. 그러나 합리적인 중국인들은 돈이 없다고 만세를 부르는 것을 막기 위해 칩 제도를 쓰고 있다. 놀이가 시작되기 전에 현금을 주고 칩을 산다. 그리고 놀이 중에는 칩으로 계산을 하고 놀이가 끝나면 칩을 현금으로 바꾼다. 고스톱에도 마이 고스톱이 있다. 현금을 본인 앞에 놓고 현금이 있는 한도 내에서 돈을 받을 수 있고 줄 수 있는 제도다. 이 제도에 익숙하지 않은 사람들은 너무 야박하다고 한다. 인정이 넘치는 사람들이라 그런가보다. 중국 사람들은 돈이 없으면 추후라도 꼭 지불을 하는 게 불문율로 되어있다. 우리는 어떤가? 노름빚은 갚지 않아도 된다는 게 사회 통념이다. 남의 돈을 먹으러 갔다가 질 수도 있고 이길 수도 있다. 이기면 상대의 돈을 받고, 지면 지불을 거절한다? 해괴한 논리고 도적놈의 심보다. 사업하던 사람이 법망을 피해 재산을 마누라 또는 제3자 명의로 이전을 한 후 부도를 낸다. 선의의 채권자가 부도를 내는 경우도 있고, 난감한 사항에 빠지기도 한다. 국법으로 금하고 있는 놀이로 진 것이니 지불거절을 한다는 게다. 상대인 너도 허점이 있으니 가만히 있으라는 말이다. 마음의 기본 자세가 잘못되어 있다. 그런 풍토니 방법은 하나밖에 없다. **현금이 없는 외상놀이는 하지 않는 게 상책이다.** 노름빚을 갚으면 삼대가 망한다고 한다. 안 갚아도 된다는 말이다. 양심이 있는 사람들이 이해하기 힘든 논리다.

12. 싹쓸이를 조심하라

바닥패에 화투 두 장만이 달랑 남았을 때다. 칠 패가 없으면 다행이다. 그러나 칠 패가 있을 경우가 큰 문제를 안고 있다. 선택할 중요한 시기다. **내가 싹쓸이를 해서 피박을 면하거나 더 큰 점수를 낼 수 있는 경우도 있고, 앞사람이 큰 점수를 내려고 할 때 우측에 있는 다음 사람에게 밀어야 하느냐를 결정해야 한다.** 당사자의 입장에서 굳은 패와 새로운 패가 있을 때도 전체적으로 유·불리를 계산해야 한다. 머릿속에서 컴퓨터의 계산기가 빠른 시간 내에 읽어야 한다. 본인이 싹쓸이를 해야 할 입장이면 굳은 패를 치고 뒤로 제낀 패가 새로운 패에 맞아 주기를 기대하고 친다. 물론 본인에게 행운이 오지 않으면 상대에게 기회를 주게 된다.

새로운 패를 넘겨서 상대가 기본 점수로 날 때는 독박이다. 문제의 핵심은 손에 두 장 또는 한 장이 남았을 경우다. 화투장은 두 장이 붙어 다닌다. 새로운 패를 치다 설사를 하는 날에는 대형으로 이어진다. 술자리에서 기생방으로 밀려들어간 형국이다. 진퇴양난이다. 칠 수도 없고 안 칠 수도 없고. 고수는 작은 점수로 놀이를 끝내자고 독박을 각오하고 치지 않는다.

13. 보초를 세워라

보초는 본인을 위해서 서는 것이 아니다. 집단의 안전을 위해서 보초를 서는 것이다. 보초의 임무를 수행하는 것은 쉬운 일이 아니다. 힘든 일 중에 하나고, 잘못 서면 집단의 안전을 해치니 임무 또한 막중하다. **화투놀이에서 보초는 가능하면 서지 말고 상대를 보초로 만들어서 막중한 임무를 수행하게 해야 한다.** 보초를 세워 놓으면 마음 놓고 작전을 수행해야 한다. 보초를 세우는 방법은 간단하다. 왼쪽 선수가 광을 두 장 갖다 놓았다고 하면 가차없이 바닥에 있는 나머지 광짜리를 피로 쳐 버린다. 바른쪽 선수가 진 광을 갖고 있다면 보초를 설 수 밖에 없다. 고도리와 삼약 삼단 그리고 피일 경우에도 똑같은 경우가 온다. 보초를 서는 이는 본인에게 필요한 패도 할 수 없이 눈물을 머금고 던져야 한다. 두 장을 확보한 사람은 미련을 갖고 다른 패를 계속하여 던진다. 틈새를 이용하여 먼저 득점을 하면 된다. 승자와 패자가 바뀌는 순간이다.

14. 엄살을 떠는 사람과 표정이 없는 사람을 경계하라

상대가 설사를 하면 아이구, 아이구 하면서 걱정을 심하게 하는 사람, 본인이 설사를 하면 설사한 패를 가지고 있으면서도 벌떡 일어나면서 놀란 표정을 짓는 사람, 본인이 설사한 패를 가지고 있으면서도 습관적으로 엄살을 하는 사람이다. 화투 놀이는 상대의 패를 다 읽지 못할 때도 있다. 상대가 청단 두 장을 해놓으면 솔개가 병아리를 낚아채려는 순간 암탉이 소리를 지르듯이 청단! 청단! 하면서 경각심을 불러일으켜서 그쪽으로 시선을 집중시키고 본인의 소기의 목적을 달성하는 사람이다. 또한 그는 놀이의 진행 상황을 훤히 읽고 있는 고수다. 어떤 사람은 결정적일 때 설사를 해놓고도 태연하게 웃거나 마치 자빽을 한 것처럼 행동하는 사람도 있다. 상대가 겁을 먹고 스톱을 하기를 유인하는 사람이다. 위에 열거한 사람들은 그때그때의 표정을 익혀두면 다음에 참고가 되니 수를 읽을 수가 있다. 문제는 일체 표정이 없는 사람이다. 공략하기에 참으로 난감한 사람이다. 그러나 그에게도 허점은 있다. 설사를 할 때 얼굴을 주의 깊게 살펴보면 경미한 반응이 일어난다. 얼굴이 실룩거린다든지 또는 경미한 미소가 지나간다. 지피지기知彼知己면 백전백승이라고 하지 않았던가.

1장 고스톱 따라잡기

15. 예감(豫感)은 적중한다

　인체의 시각, 청각, 후각, 미각과 촉각을 우리는 오감五感이라고 한다. 예민하게 반응을 하는 부분이고 어느 한 곳이라도 고장이 나면 우리는 불편함을 느끼며 산다. 또 다른 부분을 발달시켜서 부족한 부분을 보완한다. 앞으로 일어날 일에 대하여 예측을 하는 '예감'은 인체의 육감六感에 속한다. 뇌가 하는 일이다. 흔히 동물적인 감각이라고도 한다. 시각을 잃은 장님은 촉각과 청각이 발달하고, 청각을 잃은 벙어리는 시각이 발달하고, 사냥을 하는 호랑이와 멧돼지 같은 동물들은 후각과 청각이 뛰어나다. 돈을 많이 번 사람들은 돈 냄새를 알고 적기 적소에 과감한 투자를 한다. 보통 사람들이 상상도 못하는 일을 긴 미래를 내다보고 하는 행위다. 인생에 성공한 사람들을 보면 앞을 내다보면서 미래를 설계하고 이를 위해 부단한 노력을 경주한다. 좌절하지 않고 일어나 큰 꿈을 이룬다. 하루아침에 이룬 업적이 아니다. 하루일이 시작될 때 또는 어떤 사물을 놓고 정신을 집중하면 뭔지 모를 예감이 든다. 화투놀이에도 예감이 작용을 많이 한다.

　바닥패를 칠 때 예감이 좋지 않아서 망설여질 때도 손이 먼저 나가는 때가 있다. 그때는 틀림없이 설사를 한다. 생각과 행동이 일치하지 않는 경우다. 한 박자를 늦추어 행동을 해야 한다. 재수가 없는 날이다. 작은 점수로 지기 위하여 상대에게 패를 던져줘도 승자에게 더 좋은 결과를 줄 때도 있다. 예감이 좋지 않으면 예감대로 엉뚱한 패를 던져줄 때 좋은 결과가 오기도 한다. 예감대로 행동을 하면 된다. 눈에 보이지 않는 예감이 신기하게도 적중할 때가 많다. 예감과 정반대의 행동을 하는 것은 화약을 들고 모닥불에 뛰어 드는 결과를 가져온다. 우리의 삶에는 크고 작은 일들이 번갈아 가면서 다가온다. 사태에 대한 정확한 분석을 한 후 예감대로 행하면 성공을 한다. 화투놀이에서도 마찬가지이다.

1장 고스톱 따라잡기

16.
공격할 때와 수비할 때를 알아야 한다

군사학에서 공격은 두 배의 전력 소모가 있지만 공격이 최고의 수비라고 했다. 고스톱에서도 마찬가지의 논리가 성립된다. 화투 놀이에서는 맨 먼저 치는 선과 선 다음에 치는 중 그리고 마지막 순서를 받은 말이 있다. **본인이 부여받은 위치에 따라서 작전 전개를 신중하게 해야 한다.**

선은 속전속결을 할 수가 있다. 맨 먼저 놀이를 시작했으니 맨 먼저 점수를 낼 수 있는 유리한 고지를 확보하고 있다. 맨 먼저 치니 바닥패에서 입맛대로 먹을 수가 있고 바닥패에 6장이 깔려 있으니 뒤로 맞아올 확률 또한 높다. 견제 세력이 연합 전선을 구축하게 된다. 욕심은 금물이다. 고는 신중하게 해야 한다. 증권에서는 최고의 시세에서 팔 생각을 하지 말고 무릎 또는 허리쯤에서 적당한 이익을 보면 팔라고 했다. 고스톱도 똑같은 논리가 성립된다. 스톱을 부르면 다음 판에서도 선이 된다. 그렇게 몇 번을 반복하면 상대의 기가 자연스럽게 꺾인다. 기가 꺾인 상대는 당황하게 되고 판단의 오류를 범하게 된다. 서로가 서로를 원망하며 연합 전선도 무너진다. 상대의 기를 꺾는 것은 상승기류를 타는 지름길이다.

중은 말 그대로 놀이의 중심에 있다. 대통령 선거 때의 충청도와 같다. 어떤 몸짓을 하느냐에 따라서 승패의 결정권을 갖고 있다. 그러나 진광 세장 또는 약단을 다 가지고 있어도 점수를 낼 수 없는 위치에 있다. 앞에서 끊거나 뒤에서 차단을 해서 옴짝달싹을 못하고 보초만 서야 하는 경우가 생기는 자리다. 축구에서 센터포드의 위치다. 공의 배분을 잘해야 한다. 배분을 하다 기회가 오면 공을 끝까지 가지고 가서 슛을 할 수도 있고, 중거리 슛으로 결판을 낼 수도 있다. 한 마디로 상황 파악을 신중하게 하고 빠른 행동을 하면 의외의 점수를 낼 수 있는 위치다.

하지만 본인이 가지고 있는 패를 끝까지 고수하다 보면 남에게까지 피해를 줄 수 있는 자리이기도 하다. 본인이 하고자 하는 패를 과감하게 버리고 연합전선에 합류하여 놀이를 하면 의외의 점수를 낼 수 있는 자리다. 어쩌면 그렇게도 우리 정치사와 똑같은지 모르겠다. 고스톱 놀이에는 우리 정치사까지도 녹아 있다. 다음 차례가 오면 스톱을 걸려고 하는데 의외의 변수가 생겨서 이기지를 못하고 차점의 선수가 된다. 국회의원 선거에서 차점은 의미가 없다. 씁쓸하지만 다음 기회를 기다려야 한다. 고스톱에서도 마찬가지다. 그래서 고스톱 놀이가 재미있고 온 국민들의 상당수가 좋아하는 놀이가 된지도 모르겠다.

말의 위치는 선과 중이 친 후에 쳐야하니 재수가 없으면 바닥패에 두 장만이 달랑 남게 된다. 그러나 실망을 할 필요가 없다. 대량 득점을 할 수 있는 유일무이한 자리다. 느긋하게 참고 기다리는 자리다. 선제공격을 하는 자리가 아니고 축구에서 풀백같이 수비를 우선하면서 상대의 실수를 기다리거나 유도하면 자연히 승리가 온다. 상대가 기가 꺾이고 조급하면 축구에서 자살골이 터지고, 골프에서도 자충수

를 둔다. 골프의 황제 타이거 우즈가 우리의 샛별이 된 양용은에게 패하는 장면을 보고 우리가 얼마나 기뻐했는가? 세계에서 내로라하는 골프전문가들이 화들짝 놀랐다. 우즈가 조급한 승부수를 띄운 게 패한 결정적인 이유다. 스포츠나 모든 분야에서 조급증은 실패를 불러들이는 요인이다. 말은 본인의 패를 끝까지 지킬 수 있는 특권을 가진 자리다. 상대의 마지막 설사를 유도해서 대량 득점으로 이어질 때 그 쾌감은 말이 아니고서는 맛볼 수 없다. 고수들은 선의 선제공격을 조심하고 말에게 대량 득점 기회를 주지 않으려고 안간힘을 다한다.

17. 능력이 없으면 자리에 앉지를 마라

 속담에 ×주고 뺨 맞는다는 말이 있다. 주기 싫으면 접근을 막아야 하고, 어쩔 수 없는 상황이 되어서 접근을 했다면 옷을 벗지 않으면 될 일이고, 강제로 옷을 벗겼다면 두 다리를 꼭 오므리면 될 일이다. 오므려도 안 되면 손톱과 강한 이빨이 있지 않은가? 화를 피할 수 있는 길은 언제나 열려 있기 마련이다. 어차피 뺨을 맞을 운명이라도, 피하려는 의지가 있다면 피해가 최소화되지 않겠는가.

 놀이에는 오목이 있고 한 단계, 계단을 오르면 장기가 있다. 정상에는 바둑이 기다리고 있다. 말을 배우지 못한 애들도 화투의 짝 맞추기를 한다. 민화투를 겨우 칠 수 있는 수준이라면 오목을 할 수 있는 수준이다. 화투 놀이에 재미를 느낄 수가 없다. 어쩔 수 없이 판에 들어가 어울리다 보면 돈 잃고 상대들에게서 빗발치는 원망의 소리만을 듣는다. 속이 뒤집어진다. 세상을 살다 보면 좋아하는 일이 있고 싫어하는 일이 있다. 또한 능숙하게 잘하는 일이 있고, 아주 못하는 일이 있다. 못하는 일이 고스톱이라면 조금도 창피한 일이 아니다. 욕을 먹을 일도 아니다. 이해를 못하는 사람이 바보다. 당당하게 맞서서 피해 가면 된다.

1장 고스톱 따라잡기

기생집에서 손님을 접대할 입장에 있는데 상대가 요리가 나오기 전까지 한 판을 벌리자는 제의를 받았을 때, 돌잔치에 직장동료들을 초대한 자리에서, 명절에 가족들이 모처럼 모인 자리에서는 피하기가 힘이 든다. 어쩔 수 없는 자리라면 "나는 고스톱은 할 줄 모르고 민화투를 치는 수준이다. 분위기를 맞추기 위해 여러분이 참여를 해야 한다면, 참가는 하겠지만 원망을 하면 안 된다"라는 선언을 하면 고수들은 초보자를 싫어한다. "너는 빠져"라는 희망의 소리가 들릴 수도 있고, 그래도 좋으니 참가하라는 말이 나올 수도 있다. 참가하라는 말이 나오면 방법이 없다. 참가하되 일정한 액수를 잃으면 여러분의 분위기를 깨트리니 빠지겠다고 선언을 하고 빠지면 된다. 그러나 고수들을 이길 수도 있다. 개구리는 어느 방향으로 뛸지 모른다. 천방지축으로 패를 던지고 뒤로 맞아 가다 보면 고수는 예측을 할 수가 없으니 절절 맨다. 오히려 교란작전에 고수가 말려든다. 무하마드 알리의 개구리 전법에 고수는 혀를 내두르고 참패를 당한다. 승리의 팡파르가 울린다.

18. 놀이가 풀리지 않으면 기리 방법을 바꾸거나 역으로 쳐라

기리는 일본말로 자른다는 말이다. 상대는 놀이가 술술 풀려서 즐거워하는데 전혀 게임이 풀리지 않을 때가 있다. 상대의 상승기류를 끊기 위해 화투를 세 뭉으로 나누어서 순서를 바꾸는 삼단기리, 화투에 손을 대지 않고 입으로 "퉁"하면 기리 몫을 나누는, 선이 바닥에 여섯 장을 순서대로 한 번에 깔고, 다음 선수들에게 일곱 장씩 나누어 주는 퉁기리, 기리발이 시원치 않아 계속하여 놀이에 질 때는 다른 사람에게 기리를 시키는 대리 기리가 있다. 어떤 형태든 상황의 변화를 시도해서 본인이 유리한 고지를 점하고자 하는 데 뜻이 있다. 변화를 준다고 이렇게 했다, 저렇게 했다를 반복하는 행위는 본인의 정서불안을 상대에게 알려주기만 하고 무게 없이 출랑거리는 사람으로 비추어진다.

놀이에 계속하여 질 때는 역으로 쳐서 사태를 반전시키는 방법도 있다. 화투를 역으로 치면 상대에게 혼란을 줘서 예측을 못한다. 상대에 대한 교란작전이다. 예를 들면 선이 국준 세 장을 흔들고 한 장을 던졌다. 중은 청단 두 장을 한 상태다. 말이 청단 진쪽을 들고 있다고 가정하자. 선은 중이 청단을 두 장 한 상태이기 때문에 독박이 되므로 마지막까지 버티다가 할 수 없이 낸 상태다. 말에서는 선이 낸 국진을 먹는 것이 원칙이다. 그러나 흔든 선의 판단을 흐리게 국진을 말이 먹지 않고 보내준다. 중은 말이 진청단을 갖고 있는지 모른다. 기리패에 있는 줄 알고 기대감을 갖고 기다린다. 얼마나 재미있는지 모른다. 중이 점수가 많이 날 형편이 되면 소당을 걸면 된다. 또 하나의 경우, 선이 점수가 날 경우를 생각하면 무조건 쳐서 선에게 불리하게 만들고 말이 점수가 나거나 중이 날 수 있도록 한다. 흔든 사람이 점수가 나면 난 점수에 곱으로 계산을 해야 하기 때문이다.

19. 같은 두 장 패가 두 쌍이거나 세 쌍일 경우는 놀이를 포기하라

이 상황이 도래하면 승률이 거의 없다. 어쩔 수 없이 놀이에 참가할 경우라면 피해를 최소화하는 작전이 최고의 수다. 어떤 사람이 작게 이길 수 있는가를 판단하고 그를 도와줘서 3점으로 질 수 있는가를 면밀히 검토를 해야 한다. 그러나 같은 패가 두 장일 경우에 조커를 가지고 있다면 한 번 할 수도 있고, 세 쌍일 경우라도 상승기류를 타고 있다면 뒤로 일어나는 끗발을 믿고 참가할 수도 있다. 상승기류를 타면 의외의 결과를 상대가 만들어 줘서 성공하는 경우도 종종 있다. 두 쌍을 가지고 있다면 한 패를 던지고 다음 차례가 오면 칠 패가 없으니 할 수 없이 던진 패를 치다보면 설사할 경우가 많다. 설사는 상대에게 유리한 결과를 주게 되고 대형 실점으로 이어진다. 세 쌍도 같은 결과를 초래할 경우가 많다. 포기도 하나의 작전이다. 화가 난다고 놀이에 계속하여 참가를 하다보면 시간은 없고 실점의 기회만 자초하는 결과가 온다. 느긋하게 다음 판을 기다리고 그래도 안된다면 다음 날을 기약하는 것이 현명한 판단이다. 아무리 바빠도 바늘허리에 실 매어서 쓸 수는 없다. 고스톱도 인생살이와 너무도 같은 점이 많다. 오늘의

1장 고스톱 따라잡기

승자가 내일의 승자가 될 수 없듯이 오늘의 참패가 내일로 이어지지는 않는다. 오늘은 오늘이고 내일은 내일이다.

20.
한 사람이 끗발이 날 때는 피해 가야 한다

소나기가 좍좍 쏟아질 때는 하늘에 구멍이 뻥 뚫린 것같이 비가 쏟아진다. 비가 그칠 것 같지 않다. 그러나 그칠 것 같지 않던 비도 언제 그랬느냐는 듯이 갑자기 멎는다. 화토의 끗발과 같다. 상대가 끗발이 날 때는 한 마디로 무섭다. 치고 받고, 왕복 사십 리에 상대가 설사를 해 놓은 것을 손에 든 패로 끌어가지 않으면 뒤집은 패에 맞아서 가져간다. 상대들은 마음에 패색이 짙게 깔리고 정신을 차리지 못한다. 상대의 불길이 일듯이 끗발이 날 때 덤벼들면 백전백패다.

어쩌다가 도박에 빠져든 여자들은 부적을 몸에 지닌다고 하지만 부적도 힘을 발휘하지 못할테고, 그날의 행운의 자리를 찾아서 방향을 잡고 앉은 사람도 별 수가 없을 게다. 어떤 행위도 氣의 흐름을 막지는 못한다. 끗발에도 초저녁 끗발, 한밤 끗발, 새벽 끗발이 있다. 실제로 무서운 게 새벽 끗발이다. 선을 3회에서 5회를 하면 끗발이 시들해지는데 새벽 끗발은 지속성이 강하다. 먼동이 터오는 새벽은 놀이가 끝날 시간이 다가옴을 알린다. 놀이를 할 때 농담으로 문지방을 넘어갈 때 보자고 한다. 놀이가 끝날 때 승자가 최후의 승자가 되기 때문이다. 문지방을 넘어가는 것은 마라톤 선수가 최종 결승점을 통과하

는 것과 같기 때문이다. 초반과 중반의 승자는 마라톤 경주에서 의미가 없다.

　소나기를 피해가는 방법을 아는 고수들은 좋은 패를 가지고도 가능하면 놀이에 참가를 피한다. 뒤나 옆에서 구경을 하는 사람들은 전혀 이해를 못한다. 천하장사도 세월 앞에는 무릎을 꿇어야 하듯이 끗발도 일정 기간 유지되고는 시든다. 선을 하는 사람이 연속하여 선을 할 때는 조심해야 한다. 화약을 들고 미련을 떨며 불속으로 들어갈 필요가 있겠는가? 소나기는 피해 가야 한다.

21. 삼 화투는 피해야 한다

삼 화투는 셋이서 하는 놀이를 말한다. 셋이서 놀이를 하면 한 사람이 이기고 두 사람이 지는 경우와 두 사람이 이기고 한 사람이 지는 경우가 생기는데 전자의 경우보다는 후자의 경우가 많다. 처절한 패배를 맛보아야 하는 날이다. 넷이서 하는 놀이일 경우는 패가 나쁘면 놀이를 포기하고 들어가고 상대가 끗발이 날 때도 들어가면 된다. 그러나 셋이서 놀이를 할 때는 피할 길이 없다. 어두운 터널을 혼자서 걸어가야 한다. 특히 짜고 치는 꾼들에게 걸리는 날에는 제삿날이다. 조금 잃었을 때 툭툭 털고 일어날 줄 아는 지혜와 용기가 필요하다.

동락회 고스톱 수칙

40여 년간을 함께한 동락회同樂會라는 모임이 있다. 그곳 사람들과 함께 즐기는 놀이가 고스톱이다. 젊어서는 돈을 놓고 따먹기도 했다. 그러나 지금은 매주 수요일이면 만나서 고스톱 놀이를 즐긴다. 처음에는 싸움을 하는 시간이 반이고 놀이를 하는 시간이 반이었다. 놀이가 끝난 후에 삼겹살에 막걸리 몇 잔을 마셔야 마음속의 응어리가 풀리고는 했다. 필자가 앞장을 서서 여러 사람의 의견을 듣고, 합의하여 아래와 같은 놀이 수칙을 만들어 놓은 이후에는 분쟁이 없다.

1. 친목을 도모하고 치매를 방지하기 위하여 하는 놀이이기에 어떠한 경우라도 상대에게 마음의 상처를 주는 행위는 금한다. 특히 미숙하여 패를 잘못 던졌더라도 상대를 원망하는 말은 삼가야 된다.

2. 기본은 1,000원이다. 단 3, 5, 7, 9형태로 500원씩 올라간다.

3. 상한가는 10,000원이다.

4. 연사불가다. 두 번을 연속하여 놀이에 참여를 안 할 수는 없다.

5. 무광 신청은 할 수가 있다.

6. 본인의 차례가 아닌데 GO를 먼저 부르는 것은 앞에 있는 사람에게 포기하라는 암시다. 벌금 1,000원을 내야 한다. 단 벌금은 공금에 넣는다.

7. 양독은 없고 단독으로 처리한다.

8. 상대가 GO를 하면 가지고 있는 삼패를 보여줄 수 있다.

9. 낙장불입이고 마지막 뻑도 있다.

10. 맨 끝의 조커는 끝 순서 사람의 소유로 인정한다.

11. 소당

    * 피가 10장이라도 정확한 소당만 인정한다.
    * 두 사람이 모두 소당을 거절할 경우 패는 자유로이 낼 수가 있다.
    * 한 사람이 거절을 하고 한 사람이 수락을 할 경우 수락한 사람의 패를 내주어야 한다. 거절한 사람이 패할 경우 거절한 사람은 두 몫을 내야 한다.

12. 배판 또는 삼패 흔들기를 해서 성공을 했더라도, 점수 계산을 할 때 모

르고 지나면 무효로 한다. 단, 화투 몫을 섞기 전에 이긴 사람이 기억을 해서 요구하면 이에 응한다.

13. 뒷장을 뒤집어서 맞은 패를 본인이 모르고 가져가지 않을 때는 아무도 가져갈 수 없다.

14. 상대가 GO를 했을 경우 결정적인 패를 내주지 않은 사람은 두 몫을 내야 한다. (예: 광을 두 장 했을 경우 나머지 광 또는 광짜리를 내주지 않았을 때)

15. 공금 조성

* 일인당 점심은 7,000원을, 저녁은 12,000원을 기준으로 하여 공금을 조성하되, 구경꾼이 있을 때는 구경꾼의 몫까지 생각해 공금을 조성한다.

* 총수입 4,000원을 기준으로 하여 1,000원씩 공금을 조성하되, 목표량에 도달했을 경우 추가 징수는 하지 않는다. 단, 광을 팔거나 4패가 들어서 돈을 받을 때도 4,000원을 기준으로 하여 공금을 내야 한다. 소득이 있는 곳에는 세금을 내야 한다는 말이나.

* 식사 후 식대를 지불하고 나머지 돈이 있을 경우 잃은 비율에 따라 배분해 준다.

* 훈수는 뺨을 맞아가면서도 한다고 했지만, 구경꾼은 눈으로 보면서 즐기기만 하고 입으로는 일체의 훈수를 두면 안 된다.

금액이나 놀이 시간은 모임의 성질과 놀이를 하는 사람들의 형편에 따라서 합의하에 정하면 무리가 없다.

화투를 치면서 인생을 배운다

화투를 치다 보면 운칠기삼, 낙장불입이니, 밤일낮장이니, 비풍초똥구팔이니 하는 말들이 귀에 들어온다. 그뿐인가? 못 먹어도 고다. 쓰리고에 피박이나 써라. 광박, 피박, 소당, 연사불가 등등 많은 말들이 오고 간다. 이 말들이 우리네 인생살이와 연관되어 있는 말들이다. 셋이서 함께 걷다 보면 한 사람의 선생을 만난다고 했다. 생을 영위함에 있어서 죽을 때까지 우리는 깨우치고 배우면서 산다. 화투 놀이에서도 많은 것을 배운다. 지나가는 한마디 한마디는 책에서 배울 수 없는 생의 철학이 담긴 말들이다. 말의 뜻을 하나하나 음미해 보자.

고스톱은 운칠기삼 運七技參 이다

 이기고 지는 것은 그날의 운이 일곱을 점하고 요령 있게 치는 기술이 점하는 비율은 삼이라는 말이다. 고스톱이 잘 되는 날은 별 생각 없이 아무렇게나 쳐도 이긴다. 생각한대로 되는 것은 물론 생각하지 않은 것까지 이루어진다. 쓰리 또이(똑같은 2장이 3쌍)패를 주먹에 쥐고 시작을 해도 이긴다. 운수가 대통한 날이다. 아무도 그를 이길 수가 없다.

 재수가 없는 놈은 뒤로 자빠져도 코가 깨지고, 재수가 있는 년은 넘어져도 튼실한 가지가 많은 가지 밭에 넘어 진다고 했다. 노름판에서 흔히 하는 말이다. 광 삼패를 받아 주먹에 쥐고 게임을 시작해도 이상한 현상이 벌어져서 3점으로도 상대를 이길 수가 없다. 치면 뻑(설사)을 한다. 설사한 패를 상대가 갖고 있거나, 아니면 게임이 잘 풀리는 사람이 뒤집는 패에 맞아 간다. 이상한 일이다. 본인이 설사를 하거나 상대가 설사를 해도, 설사한 패는 또 다른 상대에게 가서 판을 뒤집어 버린다. 운이 없는 사람이 결정적으로 지는 이유다.

 판에 들어가고 싶지 않아도 앞에 사람이 들어가므로 밀려서 게임에

2장 고스톱 바로알기

참가를 하게 되고. 모처럼 광을 팔 기회가 와도 받은 패에는 눈을 씻고 보아도 광 하나가 보이질 않는다. 자리를 옮겨 앉아도 그날은 운이 따르지 않는다. 바닥패에 깔린 패가 손에는 보이지 않으니 던질 패가 없다. 끼닛거리가 없는 가난한 집에 식사 때가 온 것만큼이나 괴로워진다. 일감이 없어서 공장의 기계를 멈추게 하고 한숨만을 푹푹 쉬고 있는 사장의 마음과도 같다. 재수가 옴붙고 쌍코피가 터지는 날이다. 방법은 딱 하나가 있다. 게임을 일찌감치 포기하고 집으로 돌아가 가족들과 빈대떡이나 구워 놓고 막걸리를 마시며 즐거운 시간을 갖는 게 상책이다.

혹자는 운칠기삼이 아니고 고스톱 치는 요령을 몰라서 그렇다고들 한다. 요령도 중요하다. 지악至惡이면 반복半福이란 속담이 있다. 악착스럽게 일을 하면 먹을 것 걱정이 없이 복을 받는다는 말이다. 요령을 터득하면 승률이 높아진다는 이야기이지 백전백승을 한다는 이야기와는 거리가 멀다. 타짜는 속임수로 승부을 조작하거나 결정적일 때 파토를 만든다. 도박을 하기 전에는 타짜와 만날 일이 없다. 우리네 인생살이와 같이 운이 상당 부분을 점하게 된다. **운칠기삽이라는 말은 아마추어들에게 백 번 맞는 말이다.**

낙장불입 落張不入

손에 든 패로 바닥패를 한 번 치면 다시 칠 수 없다는 말이다. 장기의 일수불퇴와 같은 맥락의 말이다. 한 번의 선택이 일생을 좌우한다는 말이다. 잘못된 선택을 바로잡기 위해 지름길을 두고 먼 길을 돌아와야 하는 경우도 있다. 잘 선택한 길을 가다가 잘못된 궤도 수정으로 고생을 하는 수도 많다. 세상을 살아감에 많은 선택의 기회가 온다. 대학을 갈 때도 본인이 좋아하는 학과를 선택하고 그 일에 일생을 바친다면 좋은 결과를 얻고, 일하는 동안에도 행복하다. 일생을 행복하게 살다가 죽는다면 더한 보람이 어디에 있겠는가? 부모의 강요에 의해 일류대학의 교모와 교복을 입고도 본인의 취미와 동 떨어진 학과를 선택했다면 또 다른 실패를 만회하기 위해 많은 시간을 낭비해야 한다. 졸업 후에 직업을 선택할 때도 마찬가지다.

중소기업이면 어떤가? 즐겁게 꿈을 펼칠 수 있는 광장이라면 일류기업을 택할 필요가 없다. 말꼬리보다는 닭대가리가 좋은 것을 사람들은 모른다. 직장을 잡고 나면 결혼적령기가 온다. 모든 일에는 궤도 수정을 쉽게 할 수가 있다. 그러나 결혼만은 궤도 수정을 하면 후유증

2장 고스톱 바로알기

이 심각하다. 그야말로 낙장불입이다. 결혼조건으로 제일의 덕목은 상대의 인성과 심상心象 그리고 장래성이다. 중요한 부분은 놓치고 상대의 학벌과 재력 그리고 겉모습을 보고는 선택을 한다. 결혼은 선택하는 상대의 세 사람의 장점을 모아야 원하는 한 사람의 배우자가 될 수 있다고 했다.

통계에 의하면 부모의 80%는 만족스럽지 못한 결혼을 시킨다고 했다. 결혼은 당사자의 생각과 결정이 중요하다. 일생을 살아야 하는 사람은 부모가 아니고 당사들이기 때문이다. 부모의 체면과 허황된 욕심이 자녀들의 결혼을 망치는 경우를 가끔 보고는 한다. 잘못된 선택은 고통을 감수하고 사느냐 아니면 또 다른 선택이 기다리고 있을 뿐이다.

우리는 어떤 일을 할 때 실수를 하면 한강에 배가 지나간 자국에 지나지 않는다고 한다. 배가 지나가고 난 후 물의 분자가 원상을 회복하는데 삼 일이 걸린다는 사실을 모르고 하는 말이다. 요사이 젊은이들은 결혼을 쉽게 결정하고 쉽게 헤어진다. 결혼한 사실이 일생을 머릿속에 상처로 남아 있어 때로는 본인을 괴롭힐 거라는 생각을 하지 못할까?

안정된 직장에서 일을 하고 가정을 꾸리다 보면 재테크는 필수과목이 된다. 주식에 투자하느냐 부동산에 투자하느냐 하는 기로에 선다. 주식에 투자를 하려면 어느 주식을 택할 것이냐, 매수 시점과 매도 시점을 언제 하느냐에 따라서 울고 웃게 된다. 부동산도 마찬가지다. 아파트에 투자를 할 것이냐, 단독주택에 투자를 할 것이냐 또는 땅에 묻어 놓을 것이냐 하는 선택의 기로에 선다. 더 중요한 것은 어느 지역에 투자를 하느냐에 따라서 환금성과 수익성에서 많은 격차가 나게 된다. 우리의 삶에는 크고 작은 선택의 기회가 수시로 다가온다. 어떤 선택을 하느냐에 따라서 웃으면서 살 수도 있고 남을 원망하며 울면서 한 세상을 살 수도 있다.

한 번 실수는 병가의 상사라고 한다. 실수를 하지 않고 산 삶은 없다. 타인의 잘못된 선택으로 피해를 볼 수도 있다. 화투 놀이에서도 타인의 잘못된 선택으로 피박에 쓰리고를 당할 때도 있고 오히려 본인이 득을 볼 때도 있다. 나에게 어떤 일이 생길지 알 수 없기에 인생이 재미있는 게 아닐까? 낙장불입이란 삶의 철학이 배인 말이다. 하나의 선택을 할 때는 심사숙고를 해야 한다. 심사숙고를 한 결과는 하늘에 맡기면 된다. 이는 한 번의 실수가 삶에 얼마나 큰 결과를 가져오는가를 깨우치게 한다.

2장
고스톱 바로 알기

비풍초똥구팔삼

패가 말려서 바닥에 칠 패가 없을 때 하는 말이다. **일의 우선순위를 알아서 결정을 하라는 말이다.** 이 말은 고전이다. 민화투 놀이를 할 때는 맞는 말이나 고스톱에 적용하면 백전백패를 감수해야 한다. 현대판 고스톱에서는 오동과 국진 그리고 비가 대단히 중요하다. 국진열과 오동열 그리고 비피는 피 두 장으로 계산을 하고 특히 비열을 빼고 비피 두 장을 넣고 놀이를 하기 때문에 비의 위력은 대단하다. 단 한 번의 결정에 대량 실점의 위기를 맞을 수도 있다. 비풍초똥구팔삼은 민화투에서는 맞는 말이나 고스톱에서는 맞지 않는 말이다. 패를 내는 순서는 상황에 따라서 변한다.

흔들기 삼패를 주먹에 쥔 사람은 한 번의 기회를 노리고 모든 패를 던지면서도 삼패를 고수하는 사람이 있다는 사실을 알아야 한다. 손에 든 패가 마지막 세 장을 갖고 있을 때까지 마음을 놓으면 안 된다. 쪽을 노리거나 균형을 맞추기 위해 상대에게 새로운 패를 던질 수는 있지만 가능하면 굳은 패를 던지는 게 안전하다.

불란서 작가 스탕달의 행복론을 보면 경찰서장이 가장 행복한 사람이라고 했다. 서장의 책상 위에는 정치적으로 민감한 사건 그리고 엽기적인 살인 사건 등이 수북이 쌓여 해결을 기다리고 있다. 벌집을 건드린 것과 같이 들끓는 사회 여론의 질타를 받을 때도 있다. 서장은 밤낮을 가리지 않고 문제해결을 위해 노심초사를 하는데도 사회는 야속하게도 무능한 경찰이라는 말을 서슴지 않고 내뱉어 버린다. 난감한 일이다. 현명한 서장은 우선순위를 정하고 급한 것부터 해결하기 위해 전심전력을 한다.

　우수한 학생은 시험지를 받으면 아는 것부터 답을 쓰기 시작한다. 모르는 문제나 시간을 요하는 문제는 뒤로 미룬다. 모르는 문제에 집착을 해서 시간을 보내고 보면 시험 점수는 보나마나이다. 고스톱에서는 반대의 현상이 일어난다. 어느 것을 먼저 포기해야 하는가 하는 문제다. 전체의 흐름을 파악하고 어떤 패를 우선으로 포기해야 하는가 하는 문제다. 궁할 때는 비초풍똥팔삼 순서로 포기패를 던질 수는 있지만 사항에 따라서는 순서 없이 포기패를 던져야 한다. 손에 든 패로 바닥패를 칠 것이 없을 때는 난감한 일이다. **어떤 것을 우선 포기해서 위기를 극복할 것인가 하는 극복 과정의 가르침이다.**

2장 고스톱 바로 알기

밤일낮장 또는 주소야대

놀이를 시작할 때 누가 선을 잡느냐의 결정 과정이다. 밤에는 일솔을 잡은 사람이 선이 되고 낮에는 열두 패에서 제일 끝 순서의 패를 잡은 사람이 선이 된다. 같은 종류의 패를 잡았을 때는 밤이나 낮이나 광을 잡은 사람이 우선 순위 1위이고 피가 끝 순서가 된다. 현대 사회에서는 밤에 일하는 사람이 있고, 낮에 일하는 사람이 있는가 하면 밤낮의 구별이 없이 오가면서 일하는 사람들이 있다. 그러나 사람의 직업에 따라서 밤에 할 일과 낮에 할 일이 구별되어 있다. **어떤 경우든 일을 제때에 맞추어 해야 한다.**

보름명절이 지나고 나면 먼 산에 아지랑이가 아롱이는 봄기운이 보이기 시작한다. 한 해 농사의 시작을 알리는 서곡이다. 씨를 뿌릴 시기다. 노름꾼은 골방에 앉아 세월을 잊고 화투장과 돈의 노예가 되어 세월이 다가오는 것을 잊은 채 노름에 정신이 팔려 있다. 지금이야 저수시설을 잘 해놓아서 적기에 모를 이앙할 수 있지만 옛날에는 전 국토의 대부분이 천수답의 형태를 벗지 못하고 있었다. 하늘에서 적기에 비를 뿌려 주면 풍년이요, 적기에 비가 오지 않으면 하늘만 보면서 애타게 하루하루를 보내곤 했다. 때늦은 비가 오면 농부는 정신을 잃을 정도로 바빠진다.

때에 맞춰서 농삿일을 해야 하기 때문이다. 전해 내려오는 우스갯소리가 있다. 비는 오고 짐을 실은 지게는 쓰러지고, 송아지는 도망을 가고 대변은 급하고, 나는 어찌하란 말이냐? 이렇게 바쁠 때도 노름꾼은 방에 앉아서 태연자약하게 화투장만 바라보면서 일확천금을 꿈꾼다. 때를 맞춘다는 이야기와는 거리가 멀다. 요사이 같으면 이혼감이다. 옛날 우리 할머니와 어머니들은 이를 꾹 참고 살았으니 고통이 얼마나 심했겠는가.

전철 환승역 가에 모텔로, 여관업을 하는 어느 지인의 이야기를 들으면 최근에는 밤에 할 일과 낮에 할 일을 구분 못하는 사람들이 많다고 했다. 때를 놓쳐서 그럴까? 아니다. 하루 중 영업이 제일 잘되는 시간이 오전 11시와 오후 1시 사이라고 했다. 이유인즉슨 남편 출근시키고, 애들 학교 보내고 집안 청소를 하고 나면 그 시간대가 좋고, 남자들은 출근해서 회의를 마치고 나면 역시 그 시간대가 좋아서 이루어지는 일이라고 했다. 그들은 부부일까? 글쎄, 선뜻 대답을 할 수가 없다. 정도를 지키며 사는 부부들이 많고 불륜을 저지르는 사람들은 일부일 테니까 말이다. 내친김에 일주일 중에서 제일 영업이 잘 되는 날이 언제냐고 질문을 던졌더니 주중은 연중무휴라고 했다. 등산복을 입고 산에 갔던 사람들 같은데 따로따로 와서는 용하게도 같은 방을 찾아가고, 집으로 돌아갈 때도 따로따로 간다고 했다. 문명의 이기인 휴대전화를 최대한 이용하는 모양이다. 그들이 모텔에서 무엇을 했는지는 알 길이 없다.

2장 고스톱 바로 알기

학생들도 공부를 할 시기가 있다. 젊어서 여러 가지 이유로 공부를 못한 분들 중 늦게라도 시작하는 분들이 있다. 젊은이들도 사랑할 때와 헤어질 때가 있다. 공직에 있는 분들도 그 자리에 계속하여 있어야 할 때가 있고, 물러나야 할 때가 있다. 적기에 때를 맞추지 못하면 욕이 되고 화로 돌아온다. 고스톱에도 고를 해야 할 때가 있고 스톱을 걸어야 할 때가 있다. 모든 세상의 이치는 때를 맞추어야 하는데 막상 현실은 그렇지 못한 게 인생살이가 아닐까 하는 생각을 해 본다.

피박

피라는 것은 알맹이를 뺀 껍데기를 말한다. 흔히들 늙은이를 비하해서 말할 때 껍데기라고도 한다. 껍데기 여섯 장을 못하면 피박을 쓰고, 상대가 난 점수에 곱으로 계산하여 돈을 지불해야 한다. 이렇게 함은 **아무리 하찮은 일이라도 간과해서는 안 된다는 가르침을 주기 위함이다**. 세상에 존재하는 모든 것은 존재할 이유가 있는 것이다. 내가 당장 필요가 없다고 해서 홀대하면 안 된다. 언젠가는 필요할 때가 생긴다. 우리는 이 우물물을 다시는 마시지 않겠다고 침을 뱉고서도 다시 마실 때가 있다고 했다. 세상사는 실타래 같이 얽히고설키어 있다.

1970년대는 뜨거운 모래바람이 날리고 있는 나라, 중동에 건설 붐이 일고 있었다. 가난에서 벗어나고자 많은 사람들이 중동의 건설현장으로 밀려 들었다. 일이 없을 때는 그곳에서도 고스톱을 쳤다. 바늘이 갔는데 실이 가지 않을 리가 없다. 한국 사람이 있는 곳에는 세계 어느 곳을 가도 화투가 존재한다. 팔싸리를 예우하는 고스톱이 그곳에서 탄생했다. 사실 싸리는 고스톱에서 별로 대우를 받지 못했다.

중동에 와 있는 우리 노동자는 화투에 있는 싸리와 같이 별 볼 일이 없는 사람들이니 우리가 스스로 싸리를 대우해 주자는 뜻에서 흑싸리

2장 고스톱 바로 알기

네 장과 홍싸리 네 장을 하면 최고의 예우를 했다. 이름하여 팔싸리다. 일종의 자학에서 온 발상이다. 지금도 건설현장 또는 그곳에서 일했던 분들은 팔싸리 꼭 넣고 고스톱을 하고 싶어 하고, 동참자의 동의를 얻어서 그렇게 하고 있다.

강남의 요지라는 테헤란로를 가보자. 삼성역에서 역삼역쪽을 바라다보았다. 뻥 뚫린 도로와 하늘만이 빠끔히 보인다. 도로에는 자동차들이 꼬리를 물고 기어가고 다양한 차종들이 눈에 들어온다. 벤츠, 아우디 등 적지 않은 외제차들이 줄을 잇고 있다. 좌우 양쪽이 빌딩 숲으로 연결이 되어 있다. 역삼역에서 멀리 정보사 쪽을 보아도 같은 경관이 이어진다. 상전벽해라더니 새로운 경관을 보는 듯 했다. 허허벌판이었던 이곳이 이렇게 변화된 거리로 다가온다.

1970년대 초 홍콩의 거리에서 미아가 된 적이 있다. 빌딩의 숲 속에 갇혀 지척을 분간할 수가 없었다. 위를 보면 빌딩만 보이고 앞에는 뻥 뚫린 길만이 보인다. 호기를 부릴 나이에 숙소를 찾지 못해서 절절맸던 기억이 떠오른다. 세상이 변해도 많이 변했다. 외국인들이 말하는 한강의 기적을 이곳에서 보고 느낄 수 있었다.

고급 승용차에 몸을 맡기고 있는 사람은 누구이고, 건물주들은 누구일까? 그것들의 다수는 산업 전선에서 밤낮없이 뛰어다니면서 일한 사람들의 결과물일 것이다. 흐르는 자본의 축적 과정에서 무임승차를 한 사람도 있을 것이다. 일제식민지로부터 해방을 맞이한 때는 민족자본이 제로인 상태에서 오늘에 이른 게 꿈만 같다. 미국도 초창기에는 말을 타고서, 활로 대항하는 인디언들을 총으로 살해하면서 땅을 빼앗지 않았던가? 그들 나름대로 피나는 고생을 해서 오늘에 이르고 있다.

이제는 세계 최강국이 되어서 노블레스 오블리주Nobless Oblige를 실현하고 있다. 자본 형성 과정을 논하고자 하는 말은 아니다. 우리도 이제는 껍데기들에 대한 배려를 할 때가 됐다는 생각을 해본다. 원조를 받던 나라에서 원조를 해주는 세계 최초의 나라가 됐다. 얼마나 대견한 일인가? 나눔의 문화도 싹을 틔우고 있음을 곳곳에서 느낄 수 있다. 세금 제도 또한 많은 변화를 예고하고 있다. 광에서 인심이 난다고 했다. 우리의 세계를 향한 질주는 멈추지 않고 계속되어야 한다. 껍데기들은 자기가 앉은 자리에서 최선을 다하는 것이 나라를 사랑하는 길이고 자존심을 지키는 일이다. 꿈을 잃지 않고 열심히 일을 하면 꿈은 이루어진다. 껍데기에 대한 배려는 자동으로 해주게 되어 있다. 화투놀이에서도 껍데기라고 말하는 피를 예우하고 있지 않은가?

2장 고스톱 바로알기

광박

상대가 광으로 점수가 났을 때 광을 한 장도 못하면 광박을 써서 상대가 난 점수를 배로 계산하는 방법이다. **힘 있는 광 하나는 가지고 있어야 자신을 보호한다는 이야기다. 힘의 논리에 대한 가르침이다.** 인생살이에서는 힘이 있는 자의 지배를 받게 되어 있다. 개인 간에도, 국가와 국가 간에도, 말 못하는 동물의 세계에서도 힘이 있는 놈이 세상을 지배힌다. 국기외 국가 간에도 아름다운 말로 짜 놓은 불가침 조약에 양국의 정상들이 이마를 마주하고, 만면에 웃음이 가득한 표정으로 문서에 도장을 찍는다. 한쪽이 마음이 변하면 탱크로 밀어부친다. 조약은 순간에 휴지 조각이 되어 하늘에 흩날릴 뿐이다. 그뿐인가? 상대가 먼저 침략을 해서 우리는 방어 차원에서 전쟁을 하게 됐다고 오리발을 내 놓는 것은 기본 메뉴가 아니던가? 지구촌의 한 곳에서 전쟁이 일어나면 세계의 이목이 집중된다. 침략자는 사전에 면밀한 준비를 했기에 파죽지세로 상대를 밀어부친다. 초전부터 밀리는 나라는 전쟁을 일으킨 사실이 없다는 것을 모르는 사람은 없다.

초등학교 일 학년이 되어 반편성이 되고, 반에는 힘이 제일 센 아이가 일등이고 그 다음이 이등이고 다음다음이 세 번째로 힘이 센 아이로 자리매김을 한다. 약한 아이들이 괴롭힘을 당하지 않는 방법은 힘이 센 아이에게 줄을 서는 것이다. 가능하면 일등의 수하에 들어가야 한다. 그러면 탄탄대로를 걷게 된다. 때로는 일등의 지시에 의해 약한 아이가 이등을 괴롭힌다. 현명한 이등은 참고 견디며 받은 수모를 참는다. 몇 번 당하다 보면 화를 참지 못하고 사주 받고 행동하는 약한 아이에게 분풀이를 한다. 그날로부터 이등으로 힘이 있는 아이는 따돌림을 당하거나 일등 아이에게 심한 상처를 입는다. 회사에서도 마찬가지다. 신입사원일 때는 좌충우돌한다. 그러나 삼십 중반에 이르면 고분고분해진다. 살아남는 방법이 무엇인지를 감지했기 때문이다.

국가와 국가 간에도 힘의 논리는 적용이 된다. 러일전쟁에서 거대한 러시아를 일본이 인천과 여순항에서 침략전쟁을 일으켰을 때 누구도 러시아가 쉽게 패망하리라는 생각을 한 사람은 없었다. 일본은 전쟁을 일으키기 위해서 석유파이프라인을 거머쥐고 있는 그 당시 최강국인 영국과 영일조약을 맺은 사실을 알고 있는 사람은 아주 쉽게 전쟁 결과를 읽을 수 있다. 남한의 뒤에는 미국이 있고, 북한의 뒤에는 중국이 도사리고 있다. 남한의 뒤에는 미국이 있기에 중국은 남한을 마음대로 못하고, 북한이 골치가 아파도 미국은 중국의 눈치를 보고 있는 것이 우리의 현실이다.

독일의 현실을 보자. 그들은 히틀러의 깃발 아래 세계2차대전을 일으킨 당사자다. 그러나 그들은 소련의 힘에 공백을 이용하고 미국의 협조 하에 우리보다도 먼저 통일을 했다. 우리는 전쟁의 피해자이면서도 아직까지 분단의 아픔을 견디고 있다. 민족의 자존심을 앞세워 우리끼리 통일을 하자고 외치는 사람들을 볼 때는 많은 것을 생각하

게 된다. 국제정치의 역학관계를 잘 이용하는 우리의 정치 지도자이기를 간절히 바랄 뿐이다.

동물의 세계는 어떤가? 힘이 센 놈이 모든 암컷들을 몰고 다닌다. 그리고는 그들을 보호한다. 다른 수놈들은 대장이 있는 무리에는 근처에도 가지를 못한다. 혼자서 생활하면서 힘을 기른다. 절치부심해서 힘을 길러 무리의 대장과 싸움에서 이길 승산이 있으면 무리의 대장과 일전을 벌인다. 목숨을 건 결투다. 심한 상처를 입고 퇴각하는 경우도 있지만 목숨을 잃기도 한다. 퇴각 후에도 기나긴 기다림을 갖고 몸을 만든다. 때가 되면 재도전을 한다. 무리의 대장은 가는 세월을 이기지 못하고 심한 상처를 입은 채 비참하게 권좌에서 물러난다. 전투에서 승리한 새로운 대장은 꽃가마를 타고 아름다운 세상을 맞이한다. 모든 암컷들은 낮은 자세로 포복을 하면서 승자 앞에서 갖은 아양을 다 떤다. 또 다른 도전을 기다리면서 새로 임명된 무리의 대장에게는 새로운 세상이 열린다. 이쯤 되면 **고스톱 판에서도 힘 있는 팔공광 하나쯤은 광박을 면하기 위해서 갖다 놓아야 한다.**

독박

고스톱은 세 사람이 하는 놀이다. 이번 놀이에는 친구가 되도, 다음 놀이에는 적이 될 수 있는 놀이다. 어쩌면 정치게임과도 같다. 오늘의 동지가 영원한 동지가 될 수 없다. **한 사람이 많은 점수를 낼 것이 예상되면 손해를 최소화하기 위해 또 다른 상대가 득점을 할 수 있는 패를 던져서 스톱을 걸 수 있게 한다. 독박이다.** 독박을 쓰면 상대의 몫까지 지불해야 한다. 단독이면 승자에게만 지불하면 되지만 양독이면 두 사람에게 같은 비율로 지불을 해야 한다. 정확한 사전 계산이 필요하다. 독박을 써도 대량 득점을 할 수 있는 사람에게 지불해야 하는 금액보다도 독박을 써서 지불하는 돈의 액수가 적으면 독박을 쓴다. 정확한 계산과 판단, 그리고 용기가 필요하다. 실리를 추구하는 면을 볼 수가 있다. 물론 대량 득점의 기회가 온 사람에게는 실망과 분노를 안겨주고, 기본 점수를 얻어 스톱할 기회를 얻은 사람에게는 행운의 여신이 다가온 것이다.

전투에서도 마찬가지다. 적의 포위망이 좁혀져 와서 전체가 죽거나 포로가 될 운명이라면, 군인의 일부를 희생해서라도 포위망을 뚫

2장 고스톱 바로알기

어 많은 수를 살려야 하는 병법과 같다. 앞을 내다보고 손해를 최소화하려는 작전이다. 성급한 판단이나 행동은 오히려 화를 자초할 수도 있다. 남이 저질러 놓은 자리에 잘못 판단을 하고 털썩 주저앉아 화를 입는 일도 독박을 썼다고 한다. 일본 보수 자민당이 반세기 동안 진 국고 채무가 1조엔에 이른다고 한다. 전 정권의 마지막 수상은 고이즈미다. 하토야마 정부는 전 정권이 진 빚을 갚아야 한다. 우리는 이 경우를 신 정권이 독박을 썼다고 한다. 고스톱에서 독박은 우리의 인생살이에서도 많은 것을 배우게 한다.

못 먹어도 고 다

사람의 호기와 배짱이 인생살이에 얼마나 중요한 가를 가르치는 것이다. 못 먹어도 고라는 말을 어떻게 보면 무모한 것 같고, 곰처럼 미련하게 보인다. 때로는 무식한 건지 용감한 건지 구별이 안 될 수도 있다. 정확한 판단하에 한 행동이라면 승부수를 띄우는 것이고, 대책이 없이 화가 나서 한 행동이라면 무모한 짓이다. 젊은이와 노인과 다름이 있다면 용기와 패기다. 용기와 패기가 없는 젊은이라면 시든 꽃과 같다. 늙은이의 실패는 되돌릴 시간이 없지만 젊어서의 실패는 만회할 시간이 남아 있다. 겁낼 필요가 없다. 인내심을 갖고 열심히 일을 하면 성공의 여신은 다가오게 되어 있다.

도랑을 건널 때도 뒤에서부터 눈감고 자신 있게 뛴 사람은 도랑을 쉽게 건너가지만 중간에서 멈칫거린 사람은 텀벙하는 소리를 내면서 물에 빠질 수밖에 없다. 사십 년 전 어느 재벌가계의 가훈이 '지키기'라고 했다. 세월이 지난 지금 S기업과 그들을 비교해 보면, 지키기를 가훈으로 한 기업은 한국 내에서는 큰 변화 없이 탄탄대로를 걷고 있다. 반면 S기업은 세계를 누비는 세계 속에 우뚝 솟은 기업으로 자리매김을 하고 있다. 코이라는 물고기의 생태를 보자. 어항에 넣고 키우면 5cm까지만 자란다고 한다. 그러나 연못에 넣고 키우면 25cm까지 자란다고 했다. 큰 강에 넣고 키우면 120cm까지도 자란다고 하니 놀라지 않을 수가 없다. 마음먹은 만큼 클 수 있다는 이야기다. 꾸는 꿈의 크기에 따라서 이루는 꿈이 달라질 수밖에 없다.

1970년대는 우리 경제의 중흥기였다. 경공업에 투자를 하는 사람, 중공업에 투자를 하는 사람. 많은 사람들에게 많은 기회가 있었다. 어느 곳에 투자를 하느냐에 따라서 기업과 함께 부의 축적규모가 달랐다. 투자하는 비율에 따라서 위험도가 높아지지만 성과 또한 높아진다. 도둑놈이 되려고 마음을 먹으면 바늘도둑보다는 소도둑이 되어야 하고, 밀수를 하려면 부피가 작고 수익이 높은 다이아몬드나 마약을 해야 하지 않을까? 물론 위험이 높다. 위험도에 따라서 수익성도 높아진다. 한탕치고 빠지라는 이야기가 아니다. 배짱과 호연지기를 기르라는 이야기이고 큰 꿈을 꾸라는 이야기이다. 호랑이를 잡으려면 호랑이 굴속으로 들어가야 한다고 했다. 호랑이 굴 앞에서 판단을 못하고 우물쭈물 하다보면 호랑이한테 물려 죽는다. 용기와 패기를 가지고 호랑이와 일전을 벌일 각오가 되어 있으면 기 싸움에서 호랑이를 이긴다. 최소한 호랑이를 잡지는 못하더라도 도망치는 호랑이를 보면서 유쾌하게 웃을 수는 있지 않은가?

고스톱에서도 상대에게 쓰리고에 피박을 씌울 기회나 쓰리고에 광박을 씌울 기회가 온다. 성공하면 득점한 점수에 4배수의 점수를 계산한다. 자주 오는 기회가 아니다. 완전한 패를 가진 상태에서 올 수도 있다. 그러나 위험한 상태에서 오는 경우가 많다. 현재 난 점수가 아까우면 스톱을 걸어야 한다. 적게 먹고 만족해야 한다. 그러나 고수들은 호기 있게 승부수를 띄운다. 고를 부른 오른쪽에 있는 사람이 결정적인 패를 가지고 있다고 해도 그 패를 던짐으로써 고를 부른 사람에게 더 많은 점수를 줄 수도 있고, 본인의 오른쪽에 있는 사람이 점수를 나게 해서 위기를 모면할 수 있는 경우가 있다. 초보자는 망설이고 눈치를 본다. 해는 이미 기울었다.

 초보자는 용기를 내서 위기를 모면하는 쪽으로 또 다른 승부수를 띄워야 한다. 그러나 그렇지 못한 경우가 많다. 고수가 노린 함정이다. 고수는 결정적인 패가 기리 몫에 있을 경우와 승부수를 띄우지 못하는 약점을 보고 덤벼든 것이다. 고수는 실패를 한다고 했을 때에 상대가 나는 점수가 적다고 하면 박을 쓸 각오를 하고 부른 고이기에 절대로 후회를 하지 않는다. 50%의 확률이라고 할지라도 승부수를 띄워 성공하면 난 점수의 4배수의 점수를 얻게 된 기회를 놓치지 않는다. 못 먹어도 고를 호기 있게 부를 일이다.

 사람마다 마음의 그릇 크기가 다르다. 그릇이 큰 사람은 큰 그릇에 물을 채우면서 일생을 살고 그릇이 작은 사람은 작은 그릇에 물을 채우면서 한 세상을 산다. 가정만을 위해서 사는 사람, 의사나 열사와 같이 국가와 민족을 위해서 사는 사람, 세계 평화를 위해서 살다간 사람. 작은 용기에 많은 물을 부으면 흘러 넘치는 법이다.

 그릇의 크기에 따라서 살다 간다는 생각을 한다. 용기가 없는 자는 기회를 놓치고 후회를 한다. 후회는 앞서지 않는다. 인생살이에서 후회를 하는 사람은 늘 후회만을 거듭하고 남을 원망하면서 세상을 살다가, 저승으로 가는 기차에도 본인의 의지와 관계없이 몸을 싣고 슬프게 떠나간다. 용기 없이 살다간 사람의 묘비에는 뭐라고 쓰는 것이 좋을까? '용기 없는 사람 이렇게 쓸쓸히 가다'라고 써야겠지?

쓰리고에 피박이나 쒀라

얼마나 저주가 섞인 말인가? 힘 있는 광박이 아니고, 힘 없는 피박을 쓰라고 하니 그래도 다행이다. 화가 머리끝까지 치밀어 오를 때 내뱉는 말이다. 우리 욕 중에는 국법을 어기거나, 역적으로 몰려서 온몸이 밧줄에 꽁꽁 묶여서 감옥으로 가거나 형장으로 갈 때는 쓰던 오라질 놈, 장티푸스라는 전염병에 걸리면 죽음을 각오해야 했던 시절에 저주의 뜻으로 염병할 놈, 급살을 맞을 놈이라는 등등의 심한 욕이 있었다. 현대에는 거의 쓰지를 않는다. 사전에서나 찾아볼 수 있는 말이다. 최근에 심한 욕은 쓰리고에 피박이나 써라 하는 말이 심한 욕에 속한다. 코미디언이 코미디 소재로 쓸 때는 모든 사람들이 말뜻을 알아듣고 까르르 하고 웃었다. 그만큼 고스톱이 우리 생활에 깊숙이 들어와 있다는 이야기이다.

우리와 같이 시샘이 강한 민족이 있을까? 사촌이 땅을 사면 배가 아프다고 했다. 피붙이인 사촌이 땅을 사면 축하를 해야 할 사람이 임신을 할 때와 같이 배가 아프다니 이해가 가질 않는 말이다. 우리나라에서 오랫동안 살아온 전 미 상공회의소 소장 제이프리 죤스는 배가 고픈 것은 잘 참아도 배가 아픈 것은 참지 못하는 사람들이 한국 사람들이라고 했다. 한국 사람들의 마음 씀씀이를 꿰뚫어 보고서 하는 말이다. 그냥 지나칠 말이 아니다. 지금 우리나라 국민은 가질만큼 갖고서도 상대 빈곤을 느끼면서 사는 사람들이 얼마나 많은가?

입학 시기가 오면 본인의 아들이나 딸이 그릇에 맞는 학교에 입학을 해도 이웃집 아이가 더 좋은 학교에 입학을 하면 입을 씰룩거리며 불편한 마음을 어느 곳엔가 풀어내야 속이 후련해짐을 느낀다. 자기보다 좋은 자동차를 타는 사람을 보면 이유 없이 성질을 낸다. 자기보다 조금이라도 나은 사람이나 물건을 보면 참지를 못 한다. 시샘은 좋다. 경쟁 사회에서 시샘이 있어 상대보다 더 나은 삶을 영위하기 위하여 노력을 하는 것은 얼마나 좋은 일인가? 문제는 상대를 모함하고 저주하는 못된 버릇이다. 이런 것은 없어져야 한다.

황우석 박사의 복제 배아줄기세포의 배 반포 기술은 세계에서 특기할 만한 기술로 알고 있다. 기술 선점을 위해서는 과학지에 우선 발표를 하는 게 일반적인 상식이다. 이런저런 이유를 들어서 그를 곤경에 처하게 만들었다. 만약 똑같은 경우가 일본이나 미국에 있었다면 황박사를 중심으로 똘똘 뭉쳐서 국가에 크게 공헌하는 사람이 됐을 것이다. 역사를 보면 남이 장군도 같은 경우다. 잘난 꼴이 보기 싫어서 끌어내린 게 아닐까? 경미한 돼지구제역이 발생하면 특종이라고 언론에서는 대서특필을 한다. 양돈농가들이 도산을 하고, 돼지 수출업자는 곤경에 처하게 될 것을 그들이 염두에 두고 그런 행동을 했을까?

도요타 자동차의 결함을 미국 언론에서는 구석구석을 파헤쳐서 미국 국익에 도움이 되도록 최선을 다한다. 일본 언론들이 앞다투어서 일본 국익에 반하는 행동을 했는가는 생각을 해 보아야 할 것이다. 우

리는 툭하면 안에서 해결할 문제를 국제기구에 고자질해서 끌어들인다. 지금이 고종이 이준열사를 헤이그에 밀파한 식민지 시대는 아니지 않은가? 국내 문제는 피터지게 싸움을 해도 국내에서만 해야 할 것이다. 자기주장을 굽히지 않는 것을 책하는 게 아니다. 국제망신을 시켜서 국익에 무슨 도움이 되는가를 한 번쯤 생각해야 한다는 것이다. 개인이나 집단의 질투, 그리고 무분별한 행동이 국익에 해를 끼치는 예는 이루 말할 수 없을 정도로 많다. 양식이 있는 분들은 안타까워서 분통을 터뜨린다.

옛날 우리 할머니와 어머니들은 이른 아침이면 우물가에 모여서 쌀과 야채를 씻는 일을 했다. 전날 부부싸움을 하다 다쳐 이마에 멍이 들어도 상대가 이유를 물어오면 문설주에 부딪혀서 그랬노라고 했지, 부부 싸움 중에 신랑에게 한 방 얻어맞았다는 말은 하지 않았다. 신랑의 체면과 위상을 생각해서다. 큰 소리가 대들보까지 울리면 집안이 망한다고 했다. 가화만사성家和萬事成이다. 집안이 화목하면 모든 일이 잘 풀린다. 옛날 어머니들은 자녀들을 엄격하게 교육하고 모든 일에 모범이었다. 자신을 희생하면서 자녀들의 교육에는 최선을 다 했고, 부모들을 공양했다. 그 정신을 이어받은 오늘의 어머니들이기에 오늘의 한국이 있는 것이다. 어머니들의 힘은 대단하다.

런던올림픽의 성적표를 보면 기분이 참 좋다. 금이 13개로 세계 5위다. 김연아, 신지애, 김장미 등등 그들의 뒤에는 어머니의 뒷바라지가 있고, 어머니 뒤에는 우리나라 굴지의 재벌들이 버팀목이 되고 있다.

기업의 뒤에는 눈에 보이지 않는 정부가 있다. 모든 이들이 이룬 성과다. 특히 선수와 어머니들의 피눈물 나는 노력이 있다. 자나 깨나 자기희생을 감수하면서 지극정성인 어머니들을 세계 어느 곳에서 찾을 수 있겠는가?

    의연하고 대담하며 개성이 톡톡 튀는 신세대들은 기성세대가 넘지 못한 선진국의 벽을 뛰어 넘었다. 스포츠뿐이 아니다. 정치, 경제, 사회와 문화면에서도 우수한 면이 곳곳에서 감지된다. 머지 않아 세계 속에 우뚝 솟을 한국이 보인다. 기성세대들이 아무리 화가 나도, 쓰리고에 피박이나 맞으라는 저주는 이제는 입에서 뱉지 말자. 상대를 저주하는 말은 다시 본인에게 돌아온다는 것을 우리는 알아야 할 때가 왔다.

2장 고스톱 바로알기

연사불가 連死不可

연사불가라는 말은 두 번 연속하여 죽을 수 없다는 규칙이다.

세상을 살다보면 별의별 일이 다 벌어진다. 친구 간에도 상대가 어려운 입장에 처했을 때 도와주는 친구가 진정한 친구다. 어려울 때 진심으로 도와주었는데도 본인이 어려움에 처해 손을 벌리면 쌀쌀하게 외면하는 친구가 있다. 의리도 없는 사람이다. 자기에게 불리하면 의리가 있다는 말과는 다르다. 부부 간에도 만찬가지다. 극단의 이기주의에 빠져서 본인만을 생각하는 행위를 할 때는 속이 상한다. 부모 자식관계도 똑같다. 갖은 고생을 해서 키워 놓으면 제가 잘나서 그랬다는 듯이 늙은 부모를 외면하는 자식들을 볼 때는 참으로 기가 막힌다. 세상은 더불어 살아야 하고 생전에 진 빚은 생전에 갚고 가야 하는데 말이다. 까마귀보다 못한 사람들을 가끔 본다. 고스톱 판에도 그런 사람들을 자주 보게 된다.

치고 빠지는 전술이다. 내 이익만 취하면 된다는 사람이다. 고스톱에서 눈에 보이지 않게 상대가 적이 됐다가 우군이 됐다를 반복하게 된다. 놀이가 끝난 후에도 상대가 놀이에 졌을 때 상대에게 많지 않은 돈을 되돌려 준다. 그러나 입장이 바뀌었을 때 외면을 당하면 다시 만나서 놀고 싶은 생각이 없어진다. 좋은 패가 들어 왔을 때만 놀이에 참석을 하고 놀이가 끝나기도 전에 몇 푼을 따면 말도 없이 슬그머니 삼십육계를 한다. 화장실에 간다고 핑계를 대고 몰래 도망가는 사람보다는 좀 나을까?

계속하여 죽을 수 있으면 나쁜 패를 가지고 쳐서 지고, 칠 패는 포기를 해야 하는 일이 반복된다. 소리 없는 총이 있으면 쏘고 싶은 충동이 마음에 일게 한다.

이런 사람들을 견제하기 위해서 만들어진 게 연사불가다. **연속하여 놀이를 포기 할 수 없게 만든 제도다. 아무리 나쁜 패를 가지고 있더라도 어쩔 수 없이 놀이에 참가를 해야 한다. 불길한 앞길이 보인다 하더라도 그 길은 피할 수 없다는 인생의 가르침이다.** 연사불가라는 제도를 통해서 인생을 배우게 한다.

2장 고스톱 바로 알기

소당

소당은 일본말이다. 국어대사전에도 없는 말이다. 영어의 Show 개념을 염두에 두고 쇼당이라고 하는 사람들도 많다. 원어의 정확한 발음은 소당이다. 고스톱에서 한 쪽에서 홍단 두 장을 해 놓은 상태고, 한 쪽에서는 청단 두 장을 해 놓은 상태일 때, 청단 패와 홍단 패를 가지고 있는 사람이 어느 패를 내느냐에 따라서 승패가 날 수 있는 상황이다. 이러한 상황에서는 각각의 두 패를 가지고 있는 사람이 패를 보여주고 소당을 걸 수 있다. 두 사람이 모두 소당을 받으면 합의 소당이 이루어진 것이다. 나가리 판이 자동으로 되고 다음 판은 배판이 된다. 그러나 한 쪽에서 거부를 할 경우, 소당을 건 사람은 합의 소당을 받겠다는 사람의 패를 던지고 이 패로 인하여 득점이 날 경우, 반대를 한 사람은 소당을 건 사람의 몫까지 두 배를 물어 주어야 한다. 만약 소당을 받지 않은 사람이 득점을 했을 경우는 각자 지불하면 된다. 소당의 의미가 없어진 셈이 된다.

사람人 자는 두 획으로 되어 있다. 사람에 따라서 다르나, 한 획을 특히 길게 쓰는 사람은 자기 주장이 강하다고 한다. 자기 주장이 강한 사람은 타협을 잘 하지 않고 독선적일 때가 많다. 사람들마다 얼굴 생김새가 다르듯이 사물을 보는 생각이 다르고 판단 기준도 다르다. 살아가면서 우리는 여러 사람이 작게 크게 많은 결정을 해야 한다. 작게는 여행지의 선택, 친목회의 모이는 날짜와 장소, 크게는 국정 현안을 다루는 국회의사당 등등 이루 말할 수 없을 정도로 많다. 결정해야 할 과제를 가지고 토의를 거쳐서 결론을 내린다. 다시 말하면 합의 소당을 하는 것이다.

내린 결론에 모든 사람이 만족하지는 않지만 결정된 사항을 존중하고 따른다. 소당은 일방적일 때는 공갈과 협박의 개념도 있다. 이것이 아니면 저것을 택하라는 양자택일의 기회를 주고 상대를 몰고 갈 수도 있다. 제의를 거절하면 상대의 상처에 소금을 뿌려서 팔팔 뛰게 하는 고통을 주겠다는 말이다. 상대의 약점을 말하고 다른 길을 택하라고 하는 것은 협박에 가까운 것이다. 당하는 측에서 보면 불쾌한 일이다. 담판의 성격이 강한 것이다.

개인과 개인 사이에서도 자기주장만을 고집하고 자기주장이 관철되지 않은 경우에는 화를 내고 막말을 하면서 자리를 박차고 나가는 사람도 많다. 소매치기는 소매에 있는 돈이나 물건을 훔치는 행위를 말한다. 날치기는 한발 더 나아가 빼앗아 달아나는 행위를 말한다. 가끔 날치기 통과라는 글이 신문에 대서특필 된 것을 볼 때가 있다. 피터지게 토론을 하고 서로의 생각을 조금씩 양보하여 합의 소당에 이르기를 바란다. 합의 소당에 익숙하지 못한 국민들도 국회에서만은 그렇지 않기를 바란다. 고스톱에서 합의소당은 민주적인 절차에 대한 가르침을 준다. 소당은 현명한 판단이 생존을 가능하게 하고 풍요로운 내일을 기약함을 가르쳐 준다.

2장 고스톱 바로알기

하이 고스톱

도박으로 가지 않는 길

노름꾼이 되면 잃는 것이 한두 가지가 아니다. 건강, 가정경제, 인간관계, 제일 무서운 것은 가족을 잃는 것이다. 세상의 끝에서 혼자 서 있게 된다. 이를 막기 위해서는 놀이시간의 엄수와 한 판에 그 이상을 잃지 않는 상한가 제도와 전체 모금 액수의 설정이다. 또한 실제 돈이 오가는 인터넷 고스톱이 아니고 허수로 재미만을 보는 인터넷 고스톱을 권한다. 우연히 하게 된 놀이에서 돈을 잃었다면 본전에 대한 미련도 버려야 한다.

놀이시간 엄수

놀이를 시작하기 전에는 끝나는 시간을 정할 때 이의를 제기하는 사람이 별로 없다. 그러나 지키기 힘든 약속이다. 약속한 시간이 오면 모두들 툭툭 털어버리고 일어나야 하는데, 돈을 잃은 사람은 본전을 찾을 때까지 하고 싶어 하고, 돈을 딴 사람은 놀이가 뜻하는 대로 풀려가니 재미도 있고, 돈도 더 따고 싶어서 얼른 자리를 박차고 일어나지를 못한다. 1차 연장이 걸리고, 또 2차 연장이 걸리고 나면 연장이 연장을 건다. 그러다 보면 시간은 걷잡을 수 없이 멀리 와 있다. 놀이를 하는 동안은 재미가 있었지만 수많은 후유증이 기다리고 있을 뿐이다. 끝나는 시간을 확실하게 지키는 방법은

첫째로 사용처와 모금액을 정하고 목표로 한 모금액이 달성되면 놀이를 끝맺는 일이다. (사용처는 놀이 방법을 참조)

둘째로는 얼약 고스톱을 권하고 싶다. (친선을 도모하는 놀이방법을 참고 바람)

셋째로는 먹기 몇 판을 하는 방법이다. 놀이 시간이 무한정 길어지면 지루하다. 더 이상 놀이를 하고 싶지 않은 사람은 자세부터 흐트러진다.

2장 고스톱 바로알기

몸을 비스듬히 반은 누워 있는 자세, 또는 다리를 뻗고 불안정하게 앉은 사람은 일행의 비위를 건드리기는 싫고 놀이는 끝을 맺고 싶은 사람이다. 이때 기회를 놓치지 말고 사람 수대로 먹기 몇 판을 하자고 제의를 하면 더 놀이를 계속하고 싶은 사람도 제의를 거절하지 못하고 판을 끝내게 된다.

> 한 판의 최고 상한가를 정하고 게임을 시작한다

점백이를 하자고 한다. 점백이란 말은 일 점에 백 원을 뜻한다. 일명 동전치기라고도 한다. 상대가 3점의 득점을 하고 스톱을 걸었다 하더라도 피박에 광박, 그리고 쓰리고에 멍따를 당했다고 하면 따, 따, 따따가 된다. 4배수다. 기본 점수인 3점으로만 계산을 해도 4,800원이라는 숫자가 나온다. 이런 경우 상대의 점수는 15점을 상회한다. 15점으로만 계산을 해도 한 판에 지불할 돈이 24,000원이 된다. 장난이 아니다. 돈을 잃은 사람의 눈빛이 달라진다. 도박으로 가는 길목에 서 있게 된다. 한 판에 패자가 지불할 상한가를 정해야 한다.

예를 들어 상한가를 10,000원으로 정하면 그 이상은 지불할 의무가 없게 된다. 승자가 두 상대에게서 받은 돈의 합계는 20,000원이다. 모금의 성격에 따라서 다르지만 전체 설정된 모금 액수에 다다르는 시간을 3시간 안팎으로 하는 것이 가장 이상적이다. 승자가 득한 금액 중에서 약속한 일정 비율로 모금 액수를 충당한다. 이렇게 놀이를 하면 승자도 패자도 없다. 즐기는 시간만이 있을 뿐이고 누가 모금액에

공헌을 많이 했느냐만 남게 된다. 마음에 상처를 입을 일도 없고 놀이 중에 양말이나 호주머니 속에 돈을 감추는 일이나 화장실에 가서 돈을 헤아리는 추한 꼴은 볼 일이 없다. 더욱이 양심을 속이면서 돈을 많이 따고도 잃었다고 하는 행태나, 잃은 사람이 더 많이 잃었다고 엄살을 떠는 행태도 고스톱 판에서 사라진다. 즐거운 놀이가 계속되고 웃음꽃이 활짝 핀다. 마지막 헤어짐이 아쉽고, 또 만나서 놀이를 하고 싶은 사람이 옆에 있다는 것은 또 다른 즐거움이지 않은가?

허수를 놓고 하는 인터넷 고스톱

　인생을 살아감에 있어서 본인이 좋아하는 일만 하면서 한 생을 마감할 수 있다면 얼마나 좋겠는가. 그렇게 산다면, 인생을 마감하는 성적표에는 A+만 나올 것이다. 발명가 에디슨은 "시계를 보지 말라"고 했다. 좋아하는 일을 하는 사람은 시계를 볼 필요가 없다. 시간이 가는 것을 모르고 일에 전념을 한다. 성과는 물을 필요도 없이 대단하다. 인류에 큰 공헌을 한 사람들은 모두가 그런 삶을 살았다. 행복한 삶이다. 고스톱 놀이는 모든 사람이 좋아해서 시간이 가는 줄도 모르고 놀이를 하는데, 인류는 아니더라도 가까운 이웃이나 친구들에게도 공헌은커녕 서로에게 피해를 준다. 공헌은 못할망정 친목을 도모하는 데 조금이라도 보탬이 돼야 하는 것이 우리의 갈 길이라는 생각을 한다.
　오프라인 상에서는 혼자서 할 수 없는 놀이다. 일정한 사람이 모여야 놀이를 할 수 있다. 그러나 인터넷에서는 컴퓨터만 열면 언제나 친구가 기다리고 있다. 고스톱 놀이는 좋아하는데 컴퓨터를 모르는 사람도 컴퓨터에서 놀이 방법을 익히는 것은 쉬운 일이다. 컴맹에서 탈

2장 고스톱 바로 알기

출을 하게 되고 컴퓨터를 할 수 있는 능력을 얻음으로써 장님이 개안 수술을 해서 다른 세상을 사는 것과 같이 또 다른 세상을 만나게 된다. 꿩 먹고 알 먹는 결과가 온다. 물건을 사는 일도 집에 앉아서 할 수 있고, 은행업무도 집에서 처리가 가능하고, 각종 정보를 쉽게 얻을 수 있고, 이루 다 말할 수 없을 정도의 일들을 문명의 이기인 컴퓨터가 해준다.

 컴퓨터상에서 어떤 형태든지 현금 결제가 되는 놀이는 하지 말아야 한다. 도박으로 빠지는 길이다. 무심코 놀이를 시작했다면 루비콘 강을 자기도 모르게 건넌 상태가 된다. 빠른 시일 내에 빠져 나올 수 있다면 본인을 위해서 아주 잘한 일이 될 것이고 후회 할 일이 없어지게 된다. 허수虛數를 놓고 하는 놀이도 현금 결제를 하는 놀이만큼이나 재미가 있다. 돈도 잃지 않고 재미만을 보는 놀이니 얼마나 경제적인가. 그러나 허수만을 놓고 하는 놀이도 시간 가는 줄을 모르기 때문에 많은 피해가 속출한다. 일정한 시간만 놀이를 하고 끝내야 한다. 매 순간마다 빠른 판단을 해야 하기에 두뇌 발달과 치매 예방에는 많은 도움이 되지만 오랫동안 놀이에 빠지면 건강을 잃을 수도 있다.

사이버 세상

원고료도
하늘과 땅이 가져가는
사이버 세상

클릭하면 문이 열리고
반가
네티즌끼리 나누는 안녕
오순도순 살가운 이웃

추위가 밀려오면
등에 등을 비벼대며
온기로 살고

비가 쏟아지면
한 쌍의 제비가 되어
추녀 밑에서 살면 되지

육신은 대지의 품에 남겨두고
혼백만이 넘어야 할
보이지 않는가, 훨훨 저승고개

김원호 시집 『숲길따라』 중에서

2장 고스톱 바로알기

본전에 대한 미련을 버려야 한다

증권, 부동산투자, 경마, 각종 도박에서는 본전이 늘 문제를 뒤엉키게 한다. 돈을 잃고 마음이 편한 사람이 어디 있겠는가. 우연한 기회에 잃은 돈은 내 돈이 아니다. 아무리 돈이 많다 하더라도 내가 나를 위해 또는 타인을 위해 쓴 이외의 돈은 내 돈이 아니다. 사회를 위해 일시 보관하고 있을 뿐이다. 우연한 기회에 잃은 돈이 타인에게 가서 보람있게 쓰여진다면 이 또한 보람이지 않은가? 문제는 잃은 돈 때문에 가정경제에 지장을 초래하고, 잃은 돈이 공금이라면 심각한 국면으로 접어든다. 잃은 돈은 잃은 돈이다. 본전을 찾기 위해 또 다른 도박판에 끼어들기 시작을 하면 파멸이 기다리고 있을 뿐이다.

초급자는 쉽게 포기를 한다. 그러나 중급 정도가 되면 본전을 찾을 것 같은 착각에 빠지기 쉽다. 무엇인가 될 것 같은 자신감이 생긴다. 어림도 없는 생각이다. 그렇게 호락호락하게 본전을 찾게끔 돈을 잃어 줄 사람은 아무도 없다는 사실을 알아야 한다. 인생살이에서 넘기 힘든 고개가 있으면 또 다른 길이 있게 마련이다. 돌아서 가면 시간이 걸릴지라도 더 편안하게 고개를 넘을 수 있다는 사실을 모르는 게 우리네 삶이다. 넘을 수 없는 고개를 무리를 해서 넘으려 하다 더 많은 고통을 안고 힘들어 한다. 잘못 판단하고 들어선 길이 인생을 망친다. 본인의 인생만을 망치는 게 아니다. 주위 사람들에게까지 많은 고통을 준다.

도박에 빠진 사람일수록 집착이 강하고, 믿음 아닌 믿음을 갖고 덤벼든다. 결말이 어떻게 된다는 것을 모른다. 얼마 전 국회의사당 앞에서 손을 자르는 의식을 거행한 용감한 사람이 있었다. 그는 군 장교 출신이었다. 도박장에 간 회수가 600번이 넘었고 잃은 돈이 18억을 넘는다고 했다. 나 같이 바보 인생을 살지 말라는 경고의 메시지를 모든 사람에게 주기 위해서 하는 행동이라고 했다. 그는 그래도 다행이다. 운전기사였던 사람이 치밀하게 범행을 기획하고 전에 모시던 사장을 살해하고 3억을 빼앗아 달아난 지 며칠 만에 손에 수갑을 찬 채 얼굴을 가리고 TV 앞에 나타났다. 어처구니가 없게도 도박 빚을 갚기 위해 저지른 범죄라고 했다. 이런 일은 우리가 자주 목격하는 일이다. 본전을 찾으려는 우매한 행동이 낳은 결과다. 본전을 찾기 위해서는 도박판에 가야 한다. 돈이 없으니 이곳저곳에서 돈을 꾸게 마련이다. 돈을 꾸기 위해 거짓말을 밥 먹듯이 한다. 꾼 돈을 갚을 수 없으니 무리를 해서라도 돈을 마련한다. 악순환의 고리를 끊지 못하고 이어간다. 결국에는 또 다른 범죄의 소굴로 빠져 들어간다. 도박은 마약과 같다. 본전을 찾을 생각을 버리고, 빨리 그곳을 탈출하는 길이 최상의 길이다. 사행산업통합감독위원회(080-300-8275)라는 기관이 국무총리실 산하에 있다. 그곳에서는 심리 상담사가 늘 상주하면서 도박에 빠진 사람들과 대화를 나누어 바른 길을 인도하는 일도 하며 더 나은 상담

2장 고스톱 바로 알기

을 위한 많은 연구를 하고 있다. 그곳 홈페이지에 올린 대구가톨릭대학교 정신과학연구소에서 연구한 도박 중독 예방프로그램을 보면 몇 가지 재미있는 점이 눈에 들어온다.

　남자가 여자보다 도박 중독 증세가 심하다는 것이고, 연령대로는 30~40대가 가장 도박 경험이 많고 문제도 많이 나타난다고 했다. 월 소득이 200~400만 원대 수입이고, 대부분 고졸 이상의 학력이었고 대학 이상도 50%가 넘는다고 했다. 더 재미가 있는 것은 도박 종류에 대한 경험 유무를 보면 화투 67%, 로또 63.1%, 카지노 33.5%, 경마 17.7%, 윷 13.2%, 장기 6.4%, 경륜 4.9%, 골프 4.1%, 인터넷 3.1%, 마작 1.3% 순으로 되어 있다. 화투와 인터넷을 합치면 70.1%가 된다. 화투 놀이의 대부분이 고스톱이니 보통 문제가 아니다. 하루빨리 건전한 놀이문화로 정착할 수 있는 길을 마련해야 한다.

통일된 규칙

◆ 고스톱에는 일정한 규칙이 없다

국가에는 기본법인 헌법이 있다. 헌법은 나라에 따라서 성문헌법이 있는 나라가 있는가 하면 불문법이 있는 나라가 있다. 모든 게임은 규칙이 있고 성문화되어 있다. 유독 고스톱만은 통일된 규칙이 없고 끼리끼리 규칙을 만들어 가지고 게임을 운영한다. 다른 모임에 가면 그들만의 규칙이 있다. 게임을 하기 전에 구두로 합의안을 도출한다. 합의안을 도출했다 하더라도 아니라고 우기면 답이 없다. 늘 분쟁의 씨앗을 갖고 있다. 목소리 큰 사람이 이기게 되어 있다.

화투놀이는 사행성이 있어 개인은 물론 가정을 파괴하는 원인이 될 수 있으므로 많은 사람들이 큰 돈을 거는 등 전문적인 판이 되는 것은 국법으로 금하고 있다. 금하고 있는 일이니 누구도 앞장을 서서 놀이 규칙을 만들 생각을 할 수가 없다. 만들고 싶어도 자칫하면 노름꾼으로 낙인이 찍힐까 봐서 만들지를 못한다.

◆ 고스톱의 통일된 규칙의 필요성

카드 놀이는 놀이 방법이 다양하다. 모든 계층의 사람들이 참여하여 분쟁 없이 즐기고 있다. 그러나 고스톱 놀이에는 통일된 규칙이 없다. 규칙이 없으니 계층과 지역에 따라서 판이 벌어지는 곳에는 늘 시끄럽다. 법이 있는데도 떼법이 성행하는 나라가 지구촌 어느 곳에나 있다. 고스톱 놀이에 법이 없으니 상상을 초월하는 현상이 일어날 수밖에 없다. 중국의 진시황이 도량형을 통일했듯이 우리의 고스톱에도 통일된 규칙이 필요하다. 진시황제가 된 마음으로 감히 이곳에 통일된 규칙을 제시한다. 통일된 규칙을 참고하여 본인들에게 맞는 규칙으로 변경하여 사용하면 된다.

◆ 고스톱의 통일된 규칙

총칙

1조 친선을 도모하기 위한 놀이이므로 참가자가 패를 잘못 읽어 엉뚱한 패를 던져도 고의성이 없을 때는 상대에게 마음의 상처를 주는 심한 말은 삼가야 한다.

2조 통일된 규칙을 기본으로 하되, 놀이에 참가한 사람들의 합의 하에 규칙의 일부를 변경하여 사용할 수 있다.

3조 고스톱 놀이가 도박으로 가는 길을 막고 친선을 도모하는 놀이가 되기 위하여서는 전원 합의하에 상한가를 정해야 한다.

4조 놀이를 시작할 때 자리에 앉는 방법은 밤일낮장(주소야대) 순으로 앉고, 선이 좌정을 하면 우측으로 순서대로 자리에 앉는다. 밤과 낮의 구분은 오후 6시를 기점으로 한다. 낮에는 선을 기점으로 낮은 끗발부터 앉고 밤에는 높은 끗발부터 차례로 앉는다.

5조 연사불가다. 3명 이상이 놀이를 할 때 연속하여 놀이에 참석하지 않을 수 없다.

6조 광 값은 선을 제외한 두 사람이 지불하되 선불이다. 단 합의하에 피 두 장으로 인정하는 쌍피짜리도 말은 팔 수가 있다. 물론 약단과 고도리가 포함된다.

7조 설사를 하면 조커를 가져갈 수 없고, 기리패의 마지막 조커는 말의 몫이고 또한 마지막 설사도 있다.

8조 피를 한 장도 못 가지고 왔을 때는 피박을 면한다. 또한 상대가 스톱을 부를 때까지 화투장을 한 장도 못 가져오면 지불을 면한다. 기본 점수는 3점으로 하고, 기본 점수를 득하면 스톱을 걸 수 있다.

◆ 점수 계산법

* 홍단, 청단, 초단은 각각 3점이다.

* 광 석 장은 3점이다. 비광이 낀 석 장은 2점이다. 오광은 15점이다. 단 오광의 점수 계산이 끝나면 놀이를 중단하고 다음 놀이로 이어진다.

* 띠 다섯 장은 1점이고, 한 장을 추가할 때마다 1점씩 가산한다.

* 열 다섯 장은 1점이고, 한 장을 추가할 때마다 1점씩 가산한다.

* **피 열 장이면 1점**이고 한 장을 추가할 때마다 1점씩 가산한다.

* **고도리는 5점**이다.

* 점수를 배로 계산하는 경우

  흔들기, 나가리판, 쓰리고, 광박, 피박, 포카드, 멍텅구리(열 짜리로 3점을 했을 경우), **연뻑이 아닌 쓰리뻑**은 받은 사람은 점수를 기본 점수의 배로 받고 놀이를 마칠 수도 있고 계속 할 수 있는 권리를 유보한다. 놀이를 계속하여 기본 점수 또는 그 이상을 득하였을 경우, 득한 점수의 배로 계산을 한다.

* 점수를 기본 점수에 4배로 계산하는 경우

  쌍 흔들이와 쓰리연뻑
  단 연뻑의 두 번째 뻑은 점수를 기본의 배로, **세 번째 뻑**은 기본 점수의 4배로 계산한다.
  조커의 사용, 그리고 흔들기는 본인의 필요에 따라 아무 때나 사용하거나 선언할 수 있다.
  단, 스톱을 건 후에 사용하지 않은 조커와 흔들기를 하지 않은 삼패는 무효로 한다.

◆ 피 계산법

* 피는 **여섯 장을 기본**으로 한다(면피).

* **오동의 빨간피, 비피, 국진열, 조커**는 **피 두 장**으로 계산한다.

* 고를 부른 후 상대에게 피를 빼앗기는 경우라도, 잃은 점수를 보충하고 **추가 1점이라도 득하면 스톱을 걸 수 있다.**

* 아래의 경우에는 피 한 장을 상대에게 주어야 한다.

  판쓸이, 동시패션, 흔들기를 하고 바닥패에 폭탄을 했을 경우 그리고 **설사한 패를 가져갈 때**, 첫 판에 동시패션 또는 설사를 했을 경우는 기본 점수에 지불하기로 약속한 금액을 준다. 단, 피가 없을 때는 피를 줄 수 없다.

◆ 소당

* 피가 10장이라도 **정확한 소당**만 인정한다.

* 한 사람이 거절하고 한 사람이 수락할 경우, 수락한 사람의 패를 내주어야 한다. 의사표시는 시계 반대 방향으로 한다. **거절한 사람의 패할 경우 거절한 사람은 두 몫을 내야 한다.**

도박중독증에서 빠져나오는 길 여기 있다

사람은 누구나 각자 좋아하는 일이 있다. 예술가나 과학자는 자기가 하는 일에 침식을 잊고 전념을 하면 위대한 결과를 낳게 되고, 이는 인류 역사 발전에 큰 힘이 된다. 그러나 좋지 않은 일에 전념을 하면 본인은 물론 주위 사람들에게도 해악만을 가져다 준다. 바람직하지 않은 일이다. 본인이 알면서도 그곳에서 헤어 나오지 못하는 중독증은 안타까운 일이다. 우리는 많은 유혹에 빠져들어 시간을 낭비하고 고통을 받으면서 사는 경우가 많다.

한때 도박중독증에 빠졌던 분들이 과거를 회개하고 새로운 출발을 하기 위해 만든 모임이 단도박이란 모임이다. 단도박 Gamblers Anonymous 이란 얼굴이 없는 도박자들의 모임이다. 이 모임은 1957년 미국의 짐이란 사람이 시작을 했다고 한다. 그도 아름다운 무지갯빛을 따라나갔다가 결국에는 가진 것 모두를 잃고, 도박에서 벗어나기 위해서 음주를 시작했다고 했다. 도박을 잊기 위해 시작한 술은 알코올 중독자의 길로 들어서게 했고, 술을 끊기 위해 단주모임에 가담을 하게 된다. 술을 끊는 모임에서 힌트를 얻어서 만든 모임이 단도박 모임의 시초가 되었다. 지금 미국에는 대략 2,500여 개 이상의 단도박 모임이 있다고 한다.

우리나라에 단도박 모임을 처음으로 만든 사람은 미국인 신부 A씨라고 한다. 성직자인 그는 주한 미국인들과 어울리다 보니 놀이에 가담을 하게 되고, 즐기다 보니 30년이란 세월이 훌쩍 지나가고 자기도 모르는 사이에 중독자가 되었음을 발견하고 고민에 빠졌다고 한다. 미국에 가서 우연한 기회에 단도박 모임을 알게 되어 본인도 그곳에서 빠져 나올 수 있었고, 이를 1984년에 한국에 도입했다고 한다.

처음에는 애로사항이 없지는 않았지만 지금은 전국적으로 단도박 모임과 가족 모임을 합하면 100여 개가 되고 참가 인원이 1000명을 넘는다고 한다. 모임이 활성화 돼서 많은 분들이 도움을 받고 있다니 불행 중 다행이다. 캄캄한 사막에 한 줌의 푸른 달빛이 되어 줄 테니까 말이다.

책자를 보고 놀란 것은 중독자의 80%가 남자이고 여자도 20%라고 했다. 여자들의 사회 진출과 가사 노동의 해방으로 지금쯤은 더 많은 여자들이 고통을 받고 있으리라는 추측이 가능하다. 또한 30~40대가 많은 비중을 차지하고 있다는 이야기는 수긍이 간다. 식물에 비유한다면 가지가 쭉쭉 뻗어 나가고 잎이 무성한 여름이요, 꽃에 비유한다면

2장
고스톱 바로알기

꽃봉오리가 활짝 필 준비 단계가 아닌가? 더 높은 곳을 향하여 줄달음을 칠 나이이고, 누구에게도 지고 싶지 않은 나이다.

가정을 꾸미고 둥지를 튼 지 얼마 되지 않은 나이라는 것도 주목해야 한다. 첫 단추를 잘못 끼우면 바로 잡는 데 많은 시간을 보내야 한다. 옛날에는 가정이 아무리 괴로워도 참으면서 가정이란 보금자리를 떠나지 않았다. 이제는 세상이 많이 바뀌었다. 희망과 꿈이 없는 가정을 지키는 배우자는 없다. 가정의 파괴로 연결이 된다. 결혼이란 형식을 거쳐서 새로 시작한 젊은이들의 이혼율이 25%라는 말은 남의 일이 아니다. OECD 국가 중에서 1위라는 오명을 쓰고 있다. 자식이란 끈이 있다 하더라도 가차 없이 끈을 끊고 가정을 뛰쳐나가는 것이 오늘의 현실이다. 우연한 기회에 작은 돈을 잃고 본전을 찾기 위해 또는 재미가 있어 놀이에 탐닉을 하다보면 가정을 잃고 늪지대에 빠지고 만다. 늪지대에 발이 빠지면 움직일수록 몸은 늪으로 빠져 들어간다. 본인은 부정할지 몰라도 타인의 도움이 필요한 시기다. 단도박모임에 가입을 해야 할 것이다.

단도박 모임의 성격

가입 방법

특별한 가입절차와 가입비가 없으며 남녀, 직업, 종교, 재정상태, 학력, 신분 등과 관계없이 다만 도박을 끊고 싶은 열망이 있는 사람이나 그 가족이면 누구나 환영합니다.

단도박 모임의 성격

도박 문제를 극복하기 위해 공통 문제를 해결하고 다른 사람들도 도와줄 수 있는 경험과 힘, 희망을 함께 나누는 남성과 여성의 친목 모임입니다. 매주 정기적으로 모임을 갖고 프로그램의 실천과 화합을 통하여 도박이라는 질병을 치료하고 성격을 변화시켜 인간성을 회복하여 도박 없는 정상적인 생활을 할 수 있는 방법을 찾는 세계적인 모임입니다.

2장 고스톱 바로알기

> 단도박이란 단어를 쓰고 검색창을 치면 단도박 모임과 단도박 가족 모임의 가입방법, 성격이 뜨고 아래와 같은 20개의 문항이 뜨며 맨 아래에는 3등분하여 첫째 칸에는 단도박 모임, 둘째는 가족 모임, 셋째는 국제모임의 주소가 뜬다.

단도박 가족 친목 모임의 성격

배우자, 자녀, 부모, 형제들의 도박 때문에 정신적, 재정적인 고통을 겪어 온 가족 및 친지들이 가입 대상인 단도박 친목모임은 별도의 화합을 통하여 경험과 힘, 희망을 나누며 가족의 치료를 위하여 서로 이해하고 위로를 받으며 밝은 미래를 열어 가기 위한 것입니다. 도박중독자가 살아갈 수 있는 슬기로운 방법을 찾고, 지혜와 용기, 희망을 얻고자 노력하는 모임입니다.

도박성 자가 진단법

1. 당신은 일이나 공부를 하지 않고 도박으로 시간을 보낸 적이 있습니까?
2. 도박을 함으로써 가정생활을 불행하게 만든 적이 있습니까?
3. 도박이 당신 평판에 나쁜 영향을 끼쳤습니까?
4. 도박을 하고 나서 후회하거나 양심의 가책을 느낀 적이 있습니까?
5. 당신은 진 빚을 갚기 위해서 돈 문제를 해결하기 위해 도박을 했던 적이 있습니까?
6. 도박이 당신의 야망이나 능력을 감소시키는 원인이 되었습니까?
7. 당신은 도박으로 잃은 돈을 가능하면 빨리 도박을 해서 찾아야겠다고 생각을 했습니까?
8. 돈을 따면서도 또다시 도박판에 가서 돈을 더 많이 따야겠다는 강한 충동을 느낀 적이 있습니까?
9. 당신은 대체적으로 가지고 있던 돈이 완전히 떨어질 때까지 도박을 했습니까?
10. 도박을 하기 위해 돈을 빌린 적이 있습니까?

2장 고스톱 바로 알기

11. 도박을 하려고 돈이 될 만한 것을 판 적이 있습니까?

12. 당신은 도박 밑천을 생활비로 쓰는 것을 꺼린 적이 있습니까?

13. 도박이 당신과 가족들의 생활조차 소홀하게 만든 적이 있습니까?

14. 당신은 애초에 계획했던 시간보다 더 많은 시간 동안 도박을 해본 적이 있습니까?

15. 당신은 불안함이나 걱정거리를 피하기 위하여 도박을 했던 적이 있습니까?

16. 당신은 도박 밑천을 마련하기 위해 나쁜 일을 했거나 생각해 본 적이 있습니까?

17. 도박이 당신의 수면을 어렵게 만든 적이 있습니까?

18. 당신은 부부 싸움, 의견 대립, 실망, 좌절 때문에 도박을 하고 싶은 충동을 느낀 적이 있습니까?

19. 당신은 짧은 시간 동안 도박으로 한밑천 잡아 보겠다는 강한 충동을 느낀 적이 있습니까?

20. 당신은 도박 문제 때문에 자살이나 자해 행위를 하려고 생각해 본 적이 있습니까?

'20문항 중에서 7개 이상에 예라고 답했으면 당신은 도박중독자이므로 단도박 친목모임의 도움이 필요합니다'라고 쓰여있다. 문제는 본인이 도박중독증에 걸려 있다는 사실을 모르는 게 문제인 것 같다. 정신의학자들은 중독증을 충동 조절 장애자로 분류한다. 충동 조절 장애자는 새로운 것에 대한 호기심, 보다 자극적인 것에 대한 강한 욕구가 강하고, 이성적이기보다는 감성적이고 경쟁적이며 모든 일에 독립적인 성향이 강한 사람이라고 한다. 충동 조절 장애를 겪고 있는 여자들의 경우는 우울증에 시달리거나, 숫기가 없어서 남들과 잘 어울리지 못하는 사람, 대인 관계에서 모든 것을 참고 견디기만 해서 스트레스를 많이 받는 사람, 힘든 일이 있을 때마다 현실 도피 성향이 강한 사람이 많다고 한다.

중독증이라 함은 도박에 국한되어 있는 것이 아니다. 우리는 여러 가지 형태의 중독증을 갖고 사회의 일원으로 활동을 하고 있다. 다른 면으로 보면 인생살이에서 성공을 할 수 있는 사람들이다. 한 번 잘못된 선택이 있었을 뿐이다. 후회만 하지 말고 자세를 바로 잡는다면 또 다른 성공을 할 수 있는 가능성이 많으니 너무 걱정만 할 필요는 없다. 과감하게 용단을 내려서 새로운 길을 가면 된다. 혼자의 의지만으로 힘이 들 때는 주위의 의사와 가족들의 도움을 받아서라도 옳은 길을 가면 된다. 자수하여 광명을 찾듯이 용기를 갖고 아래 단도박 모임의 문을 두드리라는 말씀을 간곡히 드린다.

2장 고스톱 바로알기

* 한국단도박모임

주소: 서울시 서초구 방배동 923-6 아크로타워 31호
전화: 02) 521-2141 2636-1142   E-MAIL: KGA2007@NAVER.COM

* 한국단도박 가족모임

주소 서울시 서초구 방배동 923-6 아크로타워 32호
전화:02) 522-8484   E-MAIL: LIFELINEBE@NAVER.COM

* GAMBLERS ANONYMOUSE INTERNATIONAL SERVICE OFFICE
  G.A.I.S.O

PO BOX 17173 L.A 90017 U. S. A   Tel: 1-213-386-8789

도박 중독자의 공통점

한 알의 소금이 만들어 지기까지의 바닷바람과 그야말로 뜨거운 염전의 햇볕 이야기들을 진솔하게 펼친 "어둠의 저편"이란 자전적 소설의 일부를 수필가이신 조혜자 여사의 허락 하에 여기에 소개한다. 어떤 정신분석학자나 심리학자의 탁월한 이론보다도 체험을 통한 예리한 통찰이라 공감이 간다. 아직도 어둠의 저편에서 헤어 나오지 못한 분들께 많은 도움이 되리라고 믿는다. 도박중독자의 공통점을 다음과 같이 지적을 하고 있다.

2장 고스톱 바로알기

착하다

상담에서 가족들의 첫 마디가 '우리 그이는 도박하는 것 말고는 버릴 것이 없답니다. 가정에 성실하고 착하고' 하는 말로 시작된다. 그래서 가족들은 한없이 나약하고 가엾은 그들과 헤어지지 못하고 언젠가는 좋아질 거라는 기대를 버리지 못하고 살아가는 것 같다. 강하고 의지가 굳센 사람은 쉽게 유혹에 넘어가지 않고 강하게 뿌리 칠 수 있기 때문에 중독에 빠지지 않으나 이들은 매몰차게 거절하지 못하기 때문에 '그래서는 안 되지' 하고 생각만 하고 결국은 행동으로 옮기지 못하는 것이다.

책임감이 희박하고 우유부단한 성격

이들은 결단성이 부족하여 스스로 처리하시 못하고 배우자에게 책임을 지우고 될 수 있는 한 골치 아픈 일을 외면하고 싶어 도박장으로 도피한다. 빚을 엄청나게 지고도 자기 스스로 책임지지 않으려고 배우자에게 의존하여 어떻게 해 주기만을 바라는 철부지 어린아이 같다. 그것이 바로 '의존성 병'이란다. 아이들에게도 관심이 없고 오직 어떻게 도박 자금을 마련하고 어떻게 하면 재수가 좋아 도박이 잘 풀릴 수 있을지만이 그들의 과제이다. 항상 요행수를 노리고 '어떻게 하면 재수가 좋다는데? 엊저녁 꿈이 좋은데 한 탕 튀겨볼까?' 하며 오늘의 일수가 좋은가를 점쳐 본다.

거짓말의 명수다

도박을 하기 위하여 시간과 돈을 만드는 데는 거짓말의 천재들이다. 이것이 도박이라는 병에서 오는 증세 중의 하나라고는 하나, 가족들이 그들에게 속지 않으려 해도 알지 못하는 사이에 또 당하고 만다. 남편이라 믿고 싶은 마음에 은연 중에 또 속고 마는 것일까? 뒤늦게 또 속은 것을 알고 분노와 환멸에 치를 떨며 두 번 다시 속지 않겠다고 다짐을 하지만 며칠만 성실해지면 금방 또 믿어버리니 가족도 병에 걸렸나 보다. 착하고 성실해 뵈는 그들에게 우리는 늘 허황된 기대를 걸곤 한다. 두 번 다시 그런 실수를 하지 않겠다고 하면서도 그렇게 믿는 것이 가족들의 병인가 보다. 저도 사람인데 누울 자리보고 발 뻗는다고 이렇게 힘들게 하는데 설마 또 그 짓이야 하겠나? 하는 기대는 여지없이 무너지고 우리는 믿는 도끼에 수없이 발등을 찍히고 만다.

이성적이지 못하고 감성적이다

현실적이지 못하고 환상의 꿈속에서 산다. 그만큼 도박장에서 모든 것을 잃었으면 정신을 차려야 마땅한데 이성적으로 바르게 생각하기보다는 남에게 쉽게 넘어가고 동정심에 이끌려 일을 저지른다. 돈을 빌려달라고 사정하면 앞뒤 생각 없이 빌려 주거나 보증을 서주는 행위를 서슴없이 한다. 항상 안될 것을 알면서도 될 것 같은 착각에 빠져서 수없이 시행착오를 반복하는 것이다. 정상인들은 도박으로 돈을 잃는다고 생각하지만 중독자들은 도박으로 돈을 딸 수 있다는 허황된 생각을 버리지 못한다. '나는 남보다 도박을 잘한다든가 돈을 딸 자신이 있다'고 늘 생각을 한다.

허례허식을 좋아한다

체면과 형식을 중히 여겨서 남에게는 헌신하면서도 집식구들은 대수롭지 않게, 아니 무관심으로 대한다. 옛날 양반들이 죽을 먹고도 이를 쑤신다더니 그들은 없으면서도 있는 척하면서 큰소리치고 싶어한다. 집식구들은 밥을 굶고 있어도, 언제라도 도박할 수 있는 여유를 갖기 위해서 배우자 몰래 꿍쳐 놓은 자금을 가지고 늘 큰소리치면서 사는 이기심이 그것이다. 위선과 가식 속에서 황홀한 꿈을 꾸며 어떤 어려움에 직면했을 때 현실을 도피해서 도박장으로 숨어 버린다. 이면 압박감을 받으면 그것을 참아내지 못하고 다른 사람들보다 더 많은 스트레스를 받는 그들은 아이들의 용돈이나 집안을 위해서 쓰는 돈은 아까워 쓰지 못하지만, 도박판에 앉으면 간 큰 남자가 되어 판돈 액수가 점점 올라가는 것에 쾌감을 느끼기 때문이란다.

특히 외상이나 가계수표, 카드를 좋아하며 현찰 내는 걸 아까워한다. 옛말에 '외상은 소도 잡는다'는 말이 있다. 특히 카지노 같은 데는 칩으로 오고 가기 때문에 결국에는 상상을 초월하는 액수를 지불하게 된다.

내성적이고 고립적이며 외로움을 잘 탄다

자기의 생각을 분명히 나타내지 못하고 혼자서 끌어 안고 고민하며 마음의 문을 닫아건다. 친구가 별로 없으니 마음을 터놓고 얘기할 상대가 없다. 마음의 병이 심할수록 누구와도 대화하고 싶어 하지 않고 내면을 남에게 보이려 하지 않으니 고민을 남과 나누려고 하지 않는다.

그들은 대부분 내성적이라 남에게 모진 소리를 하지 못하여 거절해야 할 것을 거절하지 못하니 늘 유혹의 손이 뻗혀 있다. 남에게는 친절하고 가정에는 소홀한 것도 가족들은 불만으로 쌓여서 위선과 가식의 허울을 쓴다는 인식을 갖게 한다.

일관성이 없고 승부욕이 유난히 강하다

기분이 좋을 때는 한없이 즐거워 보이지만 한 번 뒤틀리면 천길만길 낭떠러지로 추락하는 등 좋고 나쁨의 폭이 크기 때문에 온가족이 정서 불안을 안고 살아가야 한다. 의협심이 강해서 밤길을 가다가도 좋지 못한 행동을 하는 청소년을 나무라는 일에 나는 아연실색하여 마음을 졸이는 일을 가끔 당한다. 여학생을 골리는 일이나 어른에게 행패를 부리는 일이나 술 취해서 고성을 지르는 일 등을 보면 그냥 지나치지 못하고 경찰에 신고하거나 그들을 나무라는 바람에 놀라서 말리는 나이지만, 그런 일로 함께 파출소까지 가는 일까지 있었다.

중독자들은 거의 승부욕이 강해서 무조건 상대에게 이겨야 한다는

승부욕 때문에 도박에서 헤어나오지 못한다. 심지어 상대가 기계라 해도 이겨야 한다. 거기에서 얻는 쾌감 때문에 도박에서 헤어나오지 못한다. 우리 부부는 아주 작은 문제를 가지고 자기 말이 옳다고 우겨대다 큰 싸움이 일어난다. 그것은 자존심 싸움이기도 하지만 승부욕 때문임을 뒤늦게 알았다.

이기적이고 무책임하다

도박을 하기 전에는 가정에 성실한 사람, 남에게 친절하고 꼼꼼하며 책임감이 강한 사람, 주변에 사람이 많고 유머가 있고 다정다감하고 자상한 남편이었지만 도박에 빠지니 다른 사람으로 변했다. 철저히 이기적이고 무책임하여 자기 가족조차 돌볼 줄 모른 채 도박에 빠져서 쳐우저대면서 돈을 만들기 위해 온갖 거짓말을 동원해서 주위 사람을 속이고, 그 어렵게 만든 돈을 도박에 쓰는 어이없는 생활을 한다. 또, 자기 합리화에 급급해서 판단력이 흐려지고 매사를 자기 위주로 생각하게 되어 가정의 질서가 파괴되고 생활이 문란해져서 밤과 낮이 바뀌어버린 그들은 결국 사회의 낙오자가 되어 간다.

친선을 도모하는 놀이 방법

◆ 고스톱 판은 즐기고 나누는 장소다

식사를 할 때 비용을 각자가 부담을 하는 것을 일본 사람들은 가부시키라 하고 서양 사람들은 더치트릿Dutch Treat이라고 한다. 정이 많은 우리는 그런 문화에 익숙하질 못하다. 가자고 먼저 제안한 사람이 식사 대금을 지불한다. 그러나 문제가 자주 발생을 한다. 가자고 해 놓고는 돈을 낼 때 구두끈을 오랫동안 동여매면서 시간을 끄는 사람, 화장실에서 나오지 않는 사람, 먼저 밖으로 나가는 사람 등 천태만상이다. 비겁한 사람들 때문에 황당한 일이 벌어진다.

엉뚱한 사람이 식사 대금을 지불하게 되고 돈을 지불한 사람의 마음속에는 앙금이 생긴다. 자주 만나면서도 한 사람이 계속하여 식대를 지불하면 특수한 경우를 제외하고 얻어먹는 사람과 사는 사람 모두가 부담을 느낄 수 있다. 우리는 인정이 흐르지 않느니 매몰차니 하면서 상대를 욕한다. 차라리 서양 사람들의 지불 방법이 뒷맛을 개운하게 한다. 고스톱은 비용을 갹출하는 방법 중에 하나다. 놀이에 져서 비용을 많이 내면 오늘은 비용을 많이 낸 사람이 식대를 지불했다고 생각을 하면 된다. 화투 놀이를 분쟁

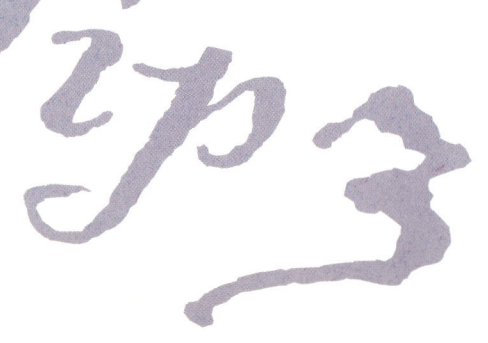

없이 즐겁게 하고 반주를 곁들여 맛있는 식사 후 집에 돌아오면 기분이 좋지 않겠는가?

화투판에는 독선적이고 고집불통인 사람이 있는가 하면, 몸에 밴 습관을 버리지 못하고 돈을 잃지 않으려고 발버둥을 치는 사람이 있다. 돈에 대한 집념이다. 없던 시절에 한이 맺힌 돈이니 이해를 할 만도 하다. 만나기로 약속한 시간도 잘 지키지 않는다. 시간 약속을 지키지 못하는 사람은 신뢰성이 없다. 늘 핑계가 따른다. 돈 약속도 지키지 못한다. 어떤 약속도 지키지 않는다. 사물을 긍정적으로 보지 않고 부정적으로 보는 사람, 상대가 없을 때는 없는 사람을 욕하기를 즐기는 사람, 어느 정권 때 내가 장관을 한 사람인데 하면서 어깨에 힘을 빼지 못한 사람, 타인에게는 흥미도 없는 본인이 잘 나가던 시절의 자랑이나 늘어 놓는 사람, 이런 사람들은 기피 인물로 낙인 찍히기 쉽다. 이런 사람은 혼자 있게 되고 늘 외로워진다. 긍정적이고 능동적인 사람은 오라는 곳이 많다. 늘 바쁘다. 언제 어디서나 필요한 사람이 돼야 행복한 사람이 될 수 있지 않은가?

◆ 친선을 도모하는 놀이 방법 ◆

친선을 도모하는 놀이에는 승자가 아무리 많은 점수를 획득했다 하더라도 일정한 금액 이상은 지불하지 않기로, 상한가와 놀이 시간을 정하고 놀이를 해야 한다. 놀이가 도박으로 가는 길을 차단하기 위함이다. 최선의 놀이 방법을 아래에 제시한다.

step 1 일정 금액을 내놓고 놀이를 시작한다

예를 들면 5만 원을 각자 앞에 내놓고 상대의 금액을 확인한다. 한 사람이 전액을 잃었을 때 놀이를 끝마친다. 모두 잃은 사람에게는 판돈의 반액인 2만 5천 원을 되돌려준다. 되돌려주는 방법은 각자 본전을 제하고 딴 금액의 절반을 각출해서 잃은 사람에게 주는 방법이다. 잃은 사람이 아쉬워하면 다시 놀이를 시작할 수가 있다. 단, 잃은 사람은 2만 5천 원을 지갑에서 꺼내어 5만 원을 맞추어 놓고, 이긴 사람은 이긴 금액의 반액을 주고 딴 금액은 지갑에 넣고 본전인 5만 원만 다시 내놓고 놀이를 시작하면 된다. 일정한 금액이라 함은 놀이를 하는 사람들의 경제적인 형편에 따라서 무리가 가지 않는 범위의 금액을 정하면 된다.

2장 고스톱 바로 알기

서너 시간 이내에 놀이를 끝마친다. 즐겁게 음식을 먹을 시간이다. 음식값은 돈을 딴 비례로 갹출해서 지불하면 된다. 음식값이 모자라면 딴 비례로 또 다시 갹출을 한다. 많이 딴 사람이 더 많은 금액을 내니 승자도 패자도 없다. 음식 값이 많이 나오는 경우는 승자가 패자의 자리로 앉게 된다. 하루 세 끼를 아내에게 얻어먹는 삼식三食이가 이식二食이로 가는 길이다. 아내도 좋아한다.

　"나 고스톱 치러 가"라고 손짓을 하면, 아내는 웃음꽃이 활짝 핀 얼굴로 반긴다. 즐거운 하루가 산뜻하게 열리는 순간이다.

　놀이 중에 담배를 피우기 위하여 밖으로 나가거나, 화장실에 갈 때도 판에 내놓은 돈에 손을 대면 안 된다. 돈은 공개된 자리에 놓아두어야 한다. 여러 사람의 눈이 돈에 머물러 있기에 돈은 그 자리를 지키고 있다. 그런데 아버지와 아들 사이에 놀이를 해도 잃은 금액과 딴 금액의 합계가 맞지를 않고, 진구지산에 목욕탕 안에서 실오라기 하나 몸에 걸치지 않고 놀이를 해도 통박이 맞지를 않는다고 했다. 참으로 이상한 일이다.

　돈을 잃은 사람은 많고 딴 사람은 없거나 딴 사람도 적은 금액을 땄다고 한다. 참으로 신기한 일이다. 놀이 중에 돈을 주머니에 넣었다 뺐다를 계속하는 사람, 돈을 양말 속에 넣는 사람, 화장실을 드나들면서 돈 계산을 하는 사람, 돈을 좀 따면 졸음이 온다고 눈을 감고 자는 체하는 사람 등등 천태만상이다. 습성이 다르니 할 말은 없지만 좋아 보이지 않고, 정직성이 없다. 잃었을 때는 승부에서 이기지 못했으니 자존심이 상해서라도 잃은 액수를 말하지 않아야 하는데 잃은 액수에 대해서 노래를 부른다. 개평을 달라는 말이다. 치사한 행위다. 싸움에는 이기는 자와 지는 자가 있는 것은 당연한 일이다. 지기 위해 싸움을 하는 사람이 있는가? 공짜로 남의 것을 얻어먹으려는 발상 자체가 웃기는 일이다. 승부의 세계에서 지고도 당당하고, 이기면 의연한 자세를 갖는 한국인이었으면 좋겠다.

step 2 일정한 모금 한도 금액을 정해 놓고, 딴 사람으로부터 금액 비례로 모금을 하는 방법

한 판에 이긴 사람의 총액에서 일정 금액을 모금하는 방법이다. 예를 들면 총액에서 10%로 결정을 했다면 만 원을 딴 사람은 천 원을 내놓으면 된다. 그렇게 해서 모금액이 충당되면 놀이를 끝마치면 된다. 고스톱을 치는 선수 외에 관객인 비선수가 있게 마련이다. 선수와 객을 포함하여 그날에 필요한 음식 값인 모금 액수를 놀이가 시작되기 전에 정한다. 모금 액수가 달성되면 놀이는 끝을 맺는다. 모금 액수와 놀이시간의 상관 관계는 사정에 따라서 설계를 하면 된다. 정한 놀이 시간 안에 끝을 맺으면 귀가 시간이 빨라진다. 놀이에 빠진 가정주부라면 곰같이 쭈그리고 앉아서 아내만을 기다리고 있는 남편을 생각해 보자! 놀이보다는 보금자리인 가정이 더 중요하지 않은가? 놀이를 중단하고 빨리 집으로 돌아가는 것이 옳은 일이란 것을 모르는 사람은 없다. 안다면 집으로 돌아가자!

　젊은 나이에는 퇴근 후나 아니면 주말에 친구들과 놀이를 한다. 놀이를 즐기다 보면 많은 것을 잃는다. 승부욕이 강한 사람은 더욱이 많은 문제를 안게 된다. 이길 때까지 해야 하기 때문이다. 놀이에 빠지다 보면 직장에도 충실하지 못하고 가정에도 좋은 부모 노릇 하기 힘들다. 좋은 부모로 존재할 수 없다는 말은 자식 농사도 망칠 수 있다는 이야기다. 얼마나 무서운 일인가? 젊은이나 늙은이들이여! 토끼 같은 자식과 여우 같은 아내가 기다리는 아늑한 집으로 일찍 돌아가자!

step 3

첫 번째 조커를 사용한 사람이 천 원을 모금함에 내놓는 방법이다. 횟수를 정해 놓고 놀이를 한다

기본적으로 조커를 기리 몫에 세 장 넣고 놀이를 시작한다. 맨 처음 조커를 사용한 사람이 모금함에 돈을 넣는다. 두 번째 조커를 사용한 사람부터는 모금함에 돈을 넣을 필요가 없으니 가능한 한 첫 번째 조커 사용을 하지 않으려 한다. 그렇게 120회 정도를 하면 꽤나 많은 시간이 흐른다. 서두에서 말했듯이 상한가를 정하는 것은 필수다. 네 명이서 놀이를 했고 식음료대에 지불하기로 책정한 이상의 금액은 잃은 이에게 되돌려 준다. 작든 크든 돈을 잃고 속이 편한 사람은 없다. 훈훈하고 재미있고 서로를 배려함이 없으면 다시 만나서 놀이를 하고 싶지 않다. 모두가 흐뭇한 표정으로 헤어져야 다시 만나서 놀이를 즐길 수 있다.

step 4 월 약 고스톱

화투장은 일 월을 상징하는 일 솔로 시작을 해서 12월을 상징하는 비로 끝을 맺는다. 일 년 열두 달을 모두 표시하고 있다. 월 약 고스톱은 1월부터 시작을 해서 12월에 끝을 맺는다. 놀이

를 12회에 끝을 맺을 수가 있다. 첫 번째 놀이에서는 1월인 백송 4장을 모은 사람에게 5점을 주고 나머지는 같은 법칙을 적용하면 된다. 두 번째 놀이에서는 2월의 상징인 매조 4장을 모은 사람에게는 5점을 준다. 그런 방법으로 12회 동안 놀이를 한다. 월 약을 못했을 경우에는 그냥 다음 달로 넘어 간다. 시간이 많을 경우에는 이런 방법으로 월 약 고스톱 10회를 치면 120회가 된다.

월 약 고스톱은 부부간에 무료한 시간을 즐기는 데는 최상의 방법이다.

젊은 시절에는 일정한 점수를 정해 놓고 먼저 득점을 한 사람이 옷을 한 가지씩 벗는 놀이가 있다. 뜨거운 밤을 위한 전초전으로 딱 맞는 놀이다. 살을 맞대고 사는 부부라 할지라도 캄캄한 밤이 아닌 상대의 몸을 확인할 수 있는 조명 앞에서 옷을 벗는 일은 스스럼은 없어도 부끄러움을 탄다. 고스톱에서는 누가 먼저 스톱 점수를 만드느냐가 중요한데 점수를 내지 않으려고 안간힘을 쓰니 재미가 배가 된다. 여자는 응접실에서는 귀부인이 되고, 부엌에서는 경제인이 되고, 밤에는 부부간에도 창녀가 돼야 된다고 누가 말을 했던가?

나이가 드신 분들은 부부 싸움 후에 또는 한가할 때 시간을 즐길 수 있는 놀이다. 소득이 없이 가사에만 종사하는 전업주부에게는 돈이 늘 모자란다. 얼마나 좋은 기회인가? 남편은 좋은 기회를 잃지 말고 듬뿍 잃어 주면 된다. 잃어 준 만큼 부인의 얼굴에는 웃음꽃이 활짝 핀다. 잃어 준 돈이 어디로 가겠는가? 소득이 없는 양가의 부모, 자식 또는 한 바퀴 돌아서 손자 손녀에게로 간다. 투자치고는 행복의 열매를 맺는 확실한 투자가 아니겠는가?

step 5 딴 돈을 되돌려 준다

추석이나 명절 또는 생일잔치 등에서 가족들이 모이면 어쩔 수 없이 일 년에 몇 번은 가족들끼리 고스톱 놀이를 한다. 친구들과도 마찬가지다. 고스톱 놀이를 해 보면 사람 됨됨이를 알 수가 있다. 잔잔한 호수에 돌을 던져보면 여러 가지 형태로 파문이 인다. 거울을 보면 거울에 얼굴에 있는 그대로 비추어진다. 고스톱을 해 보면 상대의 돈에 대한 집착, 상대에 대한 배려, 사태를 파악하는 눈, 절제의 미, 진행하는 방법에 따라서 소심한가? 아니면 과감한가? 여러 가지 면이 보인다. 신입사원 세미나에서 놀이를 함께 하면서 시간을 보내는 경우도 있다. 부서 배치에 많은 참조를 한다. 가족끼리라면 딴 돈을 소득이 없거나 적은 부모님께 용돈으로 드리든가, 아니면 애들에게 학용품 사 쓰라고 준다. 그렇지 않을 경우는 초대한 집에 수고했다고 주거나, 패자에게 되돌려 주어야 한다. 승자는 단돈 천 원이라도 주

머니에 넣고 가면 안 된다. 친구 사이도 마찬가지다. 음식이 준비된 상태인데 딴 돈을 챙기는 행위는 친선을 도모하는 데 도움이 되질 못하고 상대에게 상처를 줄 수 있다. 화목해야 할 사람들이 불화의 씨를 만드는 놀이라면 차라리 안 하는 게 옳다. 화투 놀이 대신 번거로워도 윷놀이를 권하고 싶다.

놀이를 함으로써 즐겁게 웃고 재미있는 시간을 가지면 더 바랄 것이 있겠는가.

step 6 외상은 사절한다

중국 사람들이 즐기는 마작, 서양 사람들이 즐기는 포커에는 외상이 없고, 화투 놀이에서도 섰다에서는 외상이 없다. 유독 고스톱에만 존재한다. 근절 방법은 위에 예시한 1의 방법을 제외하고는 놀이를 시작하기 전에 현금을 칩 또는 바둑알로 바꾸어 주고 시작해야 한다. 돈이 있으면서도 돈이 없다고 툭툭 털고 판을 깨는 사람을 종종 볼 수 있다. 놀이에 진 사람의 입장에서 보면 불쾌하기 그지없다. 친목을 도모하기 보다는 친목을 해치는 사람이다.

관혼상제에는 축의금 또는 조의금이 따른다. 참석 못하는 사람은 가까운 사람에게 대납을 부탁한다. 대납을 한 사람은 상대가 알아서 주기를 바라는 게 당연한 얘기다. 상대가 대납금을 주지 않을 때는 난감하다.

재미있는 친구가 한 사람 있다. 그는 놀이가 풀리지 않는 날은 꼭 외상을 하고 일어선다. 대납을 해도 줄 생각을 안 한다. 잊고서 안 주는 게 아니다. 놀이판에서 돈을 따는 날은 옛날 옛적의 대납금까지 모두 갚는다. 기억력 하나는 끝내주는 친구다. 웃어야 할지 울어야 할지 정말 대책이 없는 친구다.

2장 고스톱 바로알기

새의 노래

슬퍼 우는 울음소리로
새벽을 가르는 새야

사냥꾼에게 잃은
짝을 찾는가

천적의 먹이가 된
새끼를 애타게 기다리는가

눈물샘이 말라붙어
흘릴 눈물도 없는 메맺힌 울음

마음이 아리고
가슴이 저려오네

포트딕슨의 스치는 바람아
너는 아느냐 아침부터 울어야 하는
저 새의 속내를

김원호 시집 『숲길따라』 중에서

1. 산 너머 저쪽에는 햇살이

"해가 서쪽에서 뜨려나? 생전 전화도 없는 사람이 웬일로 나를 만나자고 했어? 용건이 뭐야?"

오랜만에 만난 친구 앞에서 마뜩잖은 표정을 짓고 비아냥거림이 시작된다. 하기는 졸업한 지 30여 년이 지난 지금도 동창회에 얼굴 한번 내밀지도 않은 사람이 만나자고 했으니 말이다.

"애들 결혼식 날짜 잡은 거 아냐?"

직설적인 화법에 불쾌함을 드러내지 않고 이해가 간다는 듯이 상대의 말에 R은 고개만 끄덕였다.

"사실은 어제 회사친구들과 고스톱을 쳤는데 많은 돈을 잃었고 더욱이 화가 나는 것은 화투를 잘 못 친다고 병신 취급을 하는 거야. 돈 잃고 병신 소리 듣고, 너무 자존심이 상해서 염치 불구하고 자네를 찾

3장 고스톱 인생살이

아 온 거야. 좀 도와줘!"

"한 수 배우러 왔다는 말이지?"

"눈치 한 번 빠르군."

"동창생 중에 자네가 고스톱 박사라는 소문을 듣고 찾아 온 거야."

"그 말은 맞아!"

"언제부터 고스톱을 쳤는데 그렇게 잘해?"

화투장을 앞에 놓고 한 번 당겨 보지도 않은 친구가 소문만 듣고 하는 말이다. 발 없는 말이 천 리를 간다고 소문은 빨리 확산되는가 보다.

내 고스톱 역사는 길어, 옛날에는 애들의 놀이 문화는 단순했어. 낮에는 사방치기, 일본 사람들이 알려 준 땅따먹기, 줄넘기, 말뚝박기, 술래잡기, 자치기 그리고 공기놀이 등이었으나, 밤에는 할 수 있는 놀이가 없었어! 밤에는 화투 놀이를 자연스럽게 하게 된 거야. 특히 정월 대보름날에는 산에 올라가서 일 년 소원 성취를 비는 달맞이를 하고 나면 모든 사람들은 연령대 별로 끼리끼리 모여서 민화투 놀이를 했어. 내기는 손목을 때리고 맞기가 고작이었지. 관심을 가지고 있던 이성 간에는 상대의 손목을 잡을 수 있는 절호의 찬스이기도 했지.

"문제는 농촌에 가을걷이가 끝나고 농한기에 접어들어서야!"

부지런하고 근면한 사람들은 새끼 꼬기, 가마니 짜기 등을 했어. 부업으로는 두부를 만들어서 읍내에 가져다 팔기도 했지. 그 당시에는 연탄이 없었으니까 나무 장사를 하면서 한겨울을 지낸 사람들도 있었고. 그 뿐이 아니야! 집에서 엿을 만들어서 시장에 그리고 가가호호 방문을 하면서 엿을 판 사람들도 있었지. 근면한 사람들은 농한기가 없었어. 문제는 게으른 사람들이 문제였지. 농한기에 할 일이 없으니 사랑방에 앉아서 화투장을 만지면서 한겨울을 보내는 남자들이지.

일본에서 화투 놀이가 들어오면서 투전은 하지 않았어. 주로 화투 놀이 했지. 짓고 섰다, 도리 짓고 땡과 모이쪼이였어.

"그런 화투 놀이를 어린 나이에 어떻게 알았어?"

"응! 노하우가 있었지!"

배추김치를 숭덩숭덩 썰어 넣은 도토리묵을 어른들이 놀고 있는 사랑방에 가져다주는 일, 떡을 나르는 일 등등 심부름을 도맡아 했지. 처음에는 애들이 도박판에 오면 안 된다고 하던 어른들에게 화투치는 방에 출입을 자유롭게 할 수 있는 예외의 인정을 받은 셈이야. 그뿐인가? 동치미도 어머니 몰래 가져다주고, 담배 심부름도 하고, 노름판에서 돈을 잃어 갈증이 나는 사람들에게는 물을 떠다 주고, 할 수 있는 모든 일을 한 게야. 노름꾼들에게 필요한 심부름꾼이 됐으니 그들이 마다할 이유가 없었던 거야.

화투 세 장을 가지고 짓는 방법을 쉽게 익혔어. 한글도 모르는 분들이 아주 쉽게 짓는 방법을 보고 무척이나 신기해했지. 화투 다섯 장을 손에 쥐면 육목단 두 장과 팔공산 한 장이 있으면 다섯 장 중에서 세 장을 찾아내어 쭉쭉팔(6+6+8=20) 짓고 나머지 두 장을 가지고 끗발을 셈하는 거야. 예를 들면 콩콩팔(1+1+8=10) 짓고, 심심새(3+3+4=10) 짓고, 꼬꼬장(5+5+=10) 짓고, 백새오(1+4+5=10) 짓고, 새새니(4+4+2=10) 짓고, 구구니(9+9+2=20) 짓고 이런 방법으로 계산을 하는데 얼마나 빠른지 몰라. 쭉쭉팔이니 꼬꼬장이니 하는 이름도 리드미컬하고, 새나 곡식 그리고 행동을 표하는 말들이니 암기하기도 쉽지. 한글을 모르는 분들의 계산이지만 더듬거리지 않고 척척 계산을 해, 마치 인수분해할 때 공식에 숫자를 넣어서 계산하는 것보다도 더 익숙해. 많은 경험에서 오는 것이지, 마치 숙달된 조교와 같다고나 할까?

3장 고스톱 인생살이

학교를 다닐 때는 낮에는 공부하고 방과 후에는 운동을 하고 틈틈이 가사도 돌보아야 했으니 화투장과는 거리가 멀었지. 겨울이 지나고 봄이 오면 누구네 과수원이 누구한테로 소유권이 넘어갔고, 누구는 노름빚으로 마누라도 팔아먹었다는 소식만을 들을 수 있었어.

"마누라를 노름빚으로 팔아먹는다?"

요사이 같으면 큰일이 나도 몇 번은 날 일들이 벌어지고는 했어. 또 어떤 사람은 아들이 노름에 빠져서 집에를 들어오지 않으니 노름판에 아들을 구하러 갔다가 부자가 모두 노름꾼이 돼서 가산을 탕진한 경우도 있었어.

그 당시에는 중국 사람들이 읍 소재지 정도에는 차이나타운을 형성하고 있었어. 주로 야채를 키우는 일, 포목을 취급하는 상점 그리고 대부분 중국식 요리를 하는 중화반점이란 간판을 걸고 요식업을 했지. 우리들의 입맛에 맞는 자장면과 탕수육을 만들어서 공급을 했어. 중국 본토에 가도 없는 음식이야. 한국 현지인의 입맛에 맞게 개발된 음식이지. 그들은 내내 중국 산농성에서 한국으로 이민을 온 사람들이었어. 그들은 일 년을 열심히 일하고 춘절인 음력 초하루부터 보름까지 모든 일을 중단하고 마작 놀이에 빠지는 거야. 춘절 기간 동안에 노름을 하고 나면 종업원이 주인이 되고 주인이 종업원이 되는 경우도 생기고, 마누라도 바뀌는 희비쌍곡선이 그려지는 거야. 우리가 이해하기 힘든 그들의 풍습은 참으로 재미가 있었어.

그 당시에는 실제로 있었던 이야기들이야. 지금 같으면 노름빚이라 갚지 않고 경찰서에 사기를 당했다고 고발을 하고, 박박 우기기만 하면 되지만 옛날에는 안 그랬어. 남의 돈을 먹으러 갔다가 잃었으니 남에게 진 금전의 빚은 갚아야 하고, 갚지 않으면 주홍글씨를 지울 수가 없었지. 물론 고향을 떠나 멀리 도망갈 수도 있었는데도 대대로 살아온 고향을 등지고 다른 곳으로 가서 산다는 것은 생각도 못했어. 고향을 떠나면 죽는 걸로 알고 있었으니까 말이야.

"그러면 언제 고스톱을 익힌 거야?"

"성질이 급하군! 왜, 시간이 없어?"

"응, 본론으로 들어가면 안 돼?"

"알았어! 변죽만 울리니 지루한 모양이군."

첫 직장이 성에 차지 않았어. 낮에 근무를 하고 밤에는 또 다른 곳에서 일을 했어. 밤낮으로 뛰어 다니니 금전적으로 어느 정도 안정이 되더라고. 그러다 결혼을 하니 참 좋더군. 객지 생활 몇 년에 둥지를 틀었으니 말이야. 소인은 눈코 뜰 새 없이 바빠야 하는가봐. 등 따뜻하고 배가 부르니 직장 동료들이 밤에 즐기는 놀이판에 어울리게 되더라고. 주로 즐기는 놀이가 화투 놀이와 포커였어. 화투 중에서도 옛날 것은 모두 없어지고 섯다와 고스톱이 대종을 이루었어. 처음에는 많이 잃었어. 어느 정도 수업료를 지불하고 나니 이골이 나더라고. 어떻게 해야 이기고, 어떨 때 지는가 하는 것을 알게 될 때까지는 그렇게 많은 시간이 걸리지는 않았어.

궁금하면 이 책의 고스톱 치는 요령을 숙지하고 도박꾼이 되지 않는 길을 읽어 봐! 무엇보다도 중요한 것은 도박꾼이 되지 말고 적당히 즐기는 놀이가 돼야 해. 도박에 빠질 뻔, 빠질 뻔을 세 번이나 했어. 아슬아슬하게도 뻔으로 끝을 맺은 게 얼마나 다행인지 몰라. 뻔으로 끝날 수 있었던 것은 현명한 아내가 뒤에 버티고 있었기 때문이야. 특히 젊은 날에 도박에 빠질 수 있으니 정말로 조심해야 해. 인생의 나락으로 떨어질 수도 있으니 말이야! 자네는 오십 줄에 접어들었으니 이제 한

번 발을 잘못 들여 놓으면 젊은 시절보다도 더 조심을 해야 돼. 회복을 하고 재기할 기회가 없다는 말일세.

2. 첫 번째 고개를 넘어가 보자고

퇴근 시간이 지난 후 잔무 정리에 시간이 가는 줄도 모르고 있었다. '따르릉' 하고 전화가 왔다.
"김 과장! 오늘 보너스도 타고 한 판 어때?"
업무과장 K의 유혹에 찬 목소리가 청각을 자극한다.
"응, 오늘이 결혼기념일이야. 어쩔 수 없어. 집에 일찍 가야해!"
낮은 목소리로 화답을 했다.
"오늘이 크리스마스이브인데 무슨 결혼기념일이야? 거짓말도 유분수지."
"속고만 살았나? 정말이야."
단호하게 거절하고 전화를 일방적으로 끊었다.
전화벨이 또 울린다. 받지를 않았다. 항의라도 하듯이 계속하여 울린다. 업무과장 전화인 것으로 속단을 했다. 귀찮아하면서 다시 수화

3장 고스톱 인생살이

기를 들었다. 이번엔 영업과장 L의 목소리가 들린다.

"뭘 해? 빨리 오지 않고!"

"응, 오늘은 집에 일찍 갈 일이 있어서 참석 못해! 다음에 보자고."

꼬리를 조금만 내리고 낮게 말했다.

마음이 동한다. 집사람 얼굴이 설핏 스쳐 간다.

유혹의 손길이 허리를 반은 감은 채 혀를 날름거린다.

"아니야! 오늘은 집으로 가야해."

입속으로 중얼거리고 있는데, 벨이 또 울린다.

"당신 혼자서만 회사를 위해서 일하는 것 같아. 그럼 좋아, 당신 오늘의 입장 다 들었어! 나도 이제는 퇴근을 해야 하니까 어서 와서 봉급하고 보너스 갖고 가!"

비아냥거림과 고압적인 경리과장 C의 목소리가 불쾌하게 귓속으로 파고든다.

경리과와 영업과는 늘 거리가 있게 마련이다. 경리과에서 계속하여 브레이크를 밟으면 영업과는 일을 추진하기가 힘이 든다. 영업과는 주문을 받기 위해 상대 회사의 관련되는 사람들에게 접대를 해야 한다. 상대가 돈을 좋아하면 돈으로, 술을 좋아하면 술로, 여자를 좋아하면 미인계를 써서라도 호감을 살 수 있는 일을 해야 한다. 둘 다 좋아하는 사람일 경우에는 문제가 생긴다. 코가 삐뚤어지게 술을 사주고 여자를 원할 때는 여자를 고객 품에 안겨줘야 한다. 화대에는 영수증이 없다. 돈을 원할 때는 뇌물이었던, 리베이트였던 돈을 줘야 한다. 법적으로 인정된 정치헌금이라면 몰라도 뇌물을 받고 영수증을 발행해 주는 바보는 없다. 경리과에서는 회사 비자금으로 처리를 해 줘야 하는데 영수증이 없는 지출은 할 수 없다고 경리과에서 버티면 영업

하는 사람들은 난감해진다. 사장도 영업과 직원보다는 비자금을 관리하는 경리 사원을 중시한다. 신규회사는 영업을 중시하지만, 역사가 있고 안정된 회사일수록 차별이 더욱 심하다. 총을 겨누고 그들과 싸움을 해봤자, 거의 일방적인 패배로 끝을 맺는다. 싸운 후유증만이 두고두고 괴롭힌다. 이래저래 좋은 관계를 맺어 놓지 많으면 영업하는 부서는 골탕을 먹는다.

경리를 보는 사람과 영업을 하는 사람의 성격은 입사 후 몇 년이 지나면 달라진다. 화투를 칠 때도 패를 잡으면 경리과 사람들은 장수를 먼저 확인한다. 일곱 장이 모자라면 더 달라고 하고, 남으면 선에게 되돌려준다. 영업사원은 장수를 헤아리지 않는다. 치다가 장수가 모자라면 상대가 알려준다. 경리 사원은 기본 점수가 나면 세밀하게 계산을 한 후 고를 부른다. 위험성이 있으면 절대 무리한 고를 하지 않는다. 그러나 영업 사원은 작은 점수를 주는 한이 있더라도 고를 해서 얻는 점수가 많으면 배짱 고를 선언한다. 작은 것은 주고 큰 것은 절대로 놓칠 리가 없다. 경리 사원은 대개 도수가 높은 안경을 쓰고 숫자에 밝다. 숫자가 맞아 떨어지지 않으면 늦게 퇴근을 하면서도 숫자를 맞추어 놓고 집으로 가야 한다. 숫자를 다루다 보니 매사에 한 치의 다름이 있어도 안 된다. 꼼꼼하고 빈틈이 없다. 평소에도 허튼 소리를 절대로 하지 않는다. 그러나 회식 자리나 야유회에 가서 술에 만취가 되어 큰 소리를 고래고래 소리를 지르면서 상사나 동료들과 싸움을 하는 사람은 그들이다. 말없이 숫자와 싸우면서 쌓인 스트레스가 그 곳에서 머리를 내밀고 만다.

영업직 사람들은 그들과는 전혀 다른 인간상이 만들어진다. 영업직은 업무와 관련된 사람들을 만나는 게 일상이다. 천태만상의 사람들

을 만나면서 인간의 폭도 넓어지고 사물을 보는 눈도 달라진다. 체형과 얼굴 생김새 그리고 말하는 음색의 톤에 따라서 상대의 성격과 인격을 읽을 수 있다. 관상과 심상까지도 보는 눈이 시원치 않은 관상쟁이보다도 앞선다. 화술도 능수능란해진다. 상대의 성격 판단을 빨리 할수록 주문량이 많아진다. 영업의 생명은 수익성이 있는 주문량이다. 인격을 빼놓고 모든 것을 팔아야 한다. 한약방에 가서 양약을 팔아야 하고, 알라스카에 가서 냉장고를 팔고, 신을 신지 않고 사는 아프리카 부족에게 신발을 팔 수 있는 능력과 용기가 있어야 일급 영업 사원이 될 수 있다. 모두가 다 그럴 수는 없지만 대체적인 영업직과 경리직과의 다름이다.

  경리과에 갔다. 소파에서 영업과장, 경리과장, 그리고 업무과장 셋이서 고스톱 판을 벌리고 있었다. 무역과장 K를 바라보는 경리과장의 시선이 싸늘하다. 봉급봉투만 갖고 나오기는 거시기해서 비워진 자리에 털썩 주저앉았다. 태도가 부드러워진 경리과장이 봉투를 내민다. 마치 자기가 시장인 것처럼 밀이다. 무역과장 M에게 고스톱 판에 참가여부를 묻지도 않은 채, 선인 영업과장이 L이 M 앞에 화투패를 던져 준다. 유혹을 뿌리치지 못한 채 놀이에 자동으로 참석을 한다. 초반에는 경리과장이 승세를 잡는 듯했다. 하얀 이를 드러내놓고 유쾌하게 웃는다. 웃는 것도 잠깐일 것이라는 것을 알고 있으니 가소로워 보인다. 영업은 둘로 나누어진다. 국내의 상업 거래는 국내 영업이고 국제간의 상업 거래는 무역이다. 상업 거래라는 맥락에서 보면 모두가 영업이다. 영업직을 수행하는 사람들은 만물박사가 되어야 한다. 도박이 뇌물 전달 방법의 하나로 쓰이기도 한다. 국내 영업을 하다 보면 자의든 타의든 화투 놀이를 많이 하게 되니 놀이에 친숙해지고, 잘

치는 고수가 된다. 경리직을 수행하는 사람들이 고스톱을 치는 상대는 같은 직원이거나 세무서 직원, 은행원 아니면 기껏해야 동창들과의 친선 놀이에 국한하게 된다. 처음부터 싸울 수 없는 상대다. 고수가 초보자와 게임을 한다는 것은 어른이 어린아이 손목을 비트는 꼴이 되기 쉽다. 고등학교 선수와 초등학교 선수와 축구시합을 한다면 승부를 내기 위한 게임은 아니다.

경리과장 C가 매조 홍단을 친다는 게 실수를 하여 솔 홍단을 던졌다. 실수니 다시 치겠다고 했다. 실수를 했으니 물려 달라는 이야기다. 영업 L이 한 마디 던진다.

"낙장불입이야."

한 번 던진 패니 물려줄 수 없다는 메시지를 확실하게 던진다.

"나이도 젊은데 벌써 수전증이 왔어?"

무역 M이 거드는 뼈 있는 한 마디에 모두 깔깔 웃는다.

경리 C는 함께 웃기는 웃었지만 얼굴이 일그러지고 마음에 상처를 입기 시작한다. 마음에 상처를 입는다는 것은 화가 나기 시작한다는 이야기다.

선이 3점을 득하고 고를 불렀다. 말은 청단 국진을 한 장 가져다 놓았고, 바닥에 풍과 목단이 깔려있는 상황이다. 말은 손에 있는 풍 청단을 치고 뒤로 목단을 맞추어 오면 가볍게 3점을 득하여 게임을 반전시킬 수 있는 기회가 온 것이다. 중인, 경리 C가 피박을 넘겠다고 목단 청단을 친 게 화근이 돼서 쓰리고에 피박을 당했다. 말은 화가 나서 중인 경리에게 한 마디를 던진다.

"당신 대만상고 출신 아니야?, 그렇게 판단을 못해."

경리 C는 돈 잃고 욕을 먹으니 더욱 화가 난다. 대만상고 출신이라

는 말에 자존심이 확 상한다. 자신이 S상대를 나온 게 긍지였고 누구도 자기를 이길 수 있는 사람이 없다는 생각을 하면서 세상을 살아 왔는데 이런 모욕적인 말을 듣고 보니 화가 머리끝까지 치민다. 화가 나면 화투장이 염장을 지른 사람의 얼굴과 겹쳐 보인다. 중심이 흔들리면 옳은 판단을 할 능력을 상실한다. 고를 할 시점에서는 스톱을 걸고, 스톱을 걸 시점에 상대의 패는 읽지 못한다. 본인 손에 든 패가 아까워서 더 많은 점수를 내려고 욕심을 한껏 부풀린 채, 금새 지는 것도 모르고 호기 있게 "못 먹어도 고야"를 외친다. 백전백패다.

화를 낸 상태에서는 게임에서 이길 수가 없다. 경리 C가 화를 나게 원인을 제공한 사람은 능수능란한 영업직 사람들이다. 그들이 놓은 덫에 걸려든 것이다. 경리 C가 혼자서 돈을 모두 잃었고, 잃은 만큼의 돈은 셋이서 모두 딴 결과가 됐다. 게임에 열중하다 보니 통금 시간이 가까워 온다. 게임을 종료하고 급하게 밖으로 나가서 택시를 잡아 타야 겨우 집으로 갈 시간이다. 영업 L이 눈짓을 보낸다. 이만 게임을 끝내고 딴 돈의 일부를 되돌려 주고 집으로 가자는 말이다. 그렇게 하기로 셋은 은연중에 말없이 동의를 했다. 접대 고스톱을 쳐 본 사람은 게임에도 능하지만 딴 돈을 되돌려 주는 방법에도 능하다. 상대의 자존심을 상하지 않게 일부를 환불해 준다. 경리C는 그들의 호의를 받아 들일 수 없다고 완강하게 거부를 한다.

"오늘은 야간 근무야."

혼잣말처럼 한마디를 집어 던지고는 회사 금고 쪽으로 뚜벅뚜벅 걸어가더니 금고 비밀번호를 맞추고 금고를 연다. 상당 액수의 돈을 꺼내서 제 앞에 쌓아 놓는다. 사건이 심각한 국면으로 접어들고 있다는 것을 느낄 수가 있었다. 어느 누구도 단호하게 집으로 가겠다는 말을 꺼내지 못한다. 더 놀고 싶기도 하고 경리의 심기를 불편하게 하면 후환이 두렵기 때문이다. 집사람이 학같이 목을 길게 늘이고 기다린다는 생각을 모두 까맣게 잊고 있다. 지금처럼 통장으로 봉급을 넣어주는 세상도 아니었다. 봉급에 상여금까지 갖고 나타나야 할 사람이 나타나지 않으니 기다리는 심정이야 무엇으로 말을 할 수가 없는 상황이다. 집에 전화라도 해주면 될 일이다. 더욱 한심한 것은 집에 전화를 하면 동료들에게 바보 취급을 당하던 시절이다. 남편의 체면 때문에 아내도 회사에 전화를 할 수 없다. 답답한 일이다.

"이제부터는 섰다로 하는 거야, 업무과장!, 스무 장을 추려!"

경리 C는 화가 난 상태에서 씩씩거리면서 사뭇 명령조로 지시를 내린다. 긴장감이 감돈다. 살벌한 분위기를 만들고 있다. 어느 누구도 입을 떼지 못하고 눈치만을 살피고 있다. 완전히 공포 분위기다. 경리 C는 사장의 조카인데다 회사의 돈줄을 갖고 있고, 사장이 누구보다도 신임하는 사람이니 이 회사를 그만둘 용기가 없다면 입을 뗄 수가 없다. 월급쟁이의 비애다. 직원들의 애경사가 주말에 있을 때 사장은 거의 참석을 하지 않는다. 덩달아 경리과 C도 물론 참석을 하지 않는다. 그러나 부조금은 틀림없이 보낸다. 보내는 방법과 갚는 방법이 특이할 뿐이다. 부조금은 만만한 영업 L에게 돈이 든 봉투를 주지 않고 말로만 부탁을 한다. 놀음판에서 돈을 딸 때, 딴 돈으로 갚는다. 애경사의 날짜와 부조금의 액수를 정확하게 기억을 하는 데는 모든 사람들이 혀를 내두른다.

친구들의 결혼식에도 거의 참석은 하지 않는다. 함께 가자고 권유를 하면

"다음에 만나서 점심이나 함께 할 거야."

같은 말을 수없이 들었기에 이제는 권유를 하는 것이 우습게 보이는 것 같아서 말을 아예 하지를 않는다. 그러나 예외는 있다. 세무서와 거래 은행 직원의 애경사나 행사에는 꼭꼭 참석을 한다. 정이나 의리라고는 찾아 볼 수 없이 필요에 따라서 세상을 살고 있는 그를 바라보노라면 가슴속에서 역겨움이 날 때가 한 두 번이 아니다. 꾹꾹 참고 그와 함께 지내자니 스트레스가 쌓인다. 말라깽이에다가 도수 높은 안경을 낀 그는, 한 주먹거리도 안 된다. 어쩌겠는가? 목구멍이 포도청이니 말이다. 직장을 그만둘 각오가 되어 있지 않으면 참는 수밖에 없다.

몇 판이 돌아갔다. 섰다는 조이는 맛이 있고 상대의 표정을 읽는 눈치가 빨라야 한다. 정확한 판단을 하는 것으로는 안 된다. 기氣까지도 세야 한다. 상대의 기에 눌리면 매번 자신감을 잃고 높은 끗발에도 상대의 기에 눌리면 진다. 능하게 게임을 운영하는 사람이 이기고 나서, 이팔 멍통 패를 보여주면 상대는 기가 죽고 기가 센 사람의 표정을 읽을 능력을 상실한다. 모두가 포커페이스나. 불의 얼굴이 없으면 게임에서 진다. 끗발이 높은 땡이 오면 얼굴에 미소를 짓는 사람, 낮은 끗발에는 상을 찌푸리는 사람, 아주 높은 끗발이 오면 눈에 경련이 와서 눈꺼풀이 씰룩 거리는 사람, 사람마다 표정이 갖가지로 다가온다. 각자의 기쁨과 실망이 올 때 표정과 하는 말을 읽을 능력이 있어야 승자가 될 수 있다. 오리카시와 내리카시의 수를 제한하지 않으면 카드놀이와 같이 큰 노름이 된다. 선이 두 장씩 패를 나누어 준다. 물론 바닥에 정한 기본의 돈을 내 놓고 게임을 시작한다. 선이 각자 내 놓은 기본의 돈을 내 놓고 돈을 지른다. 순서대로 게임에 참가 할 사람들만 선을 따라서 돈을 지른다. 마지막 주자가 선이 지른 돈의 배를 지르면서 오리카시를 선언한다. 자신이 있는 사람만이 역으로 돈을 지른다. 마지막 주자가 내리카시를 선언하고 올라온 돈의 배를 지른다. 이렇게 제한 없이 하다보면 한 판에 끝을 낼 수도 있는 게임이다. 먼저 받은 패가 삼광이다. 나중에 받은 패를 뒤에 놓고, 두 장을 겹쳐 왼손에 쥔 뒤, 숨겨진 뒤 장패를 실눈을 뜨고 당긴다. 까만색이 얼굴을 내밀고 조금 더 뒤 패를 조이면 선명한 빨간 글씨의 한자인 빛 광자가 보이면 삼팔광땡이다. 조일 때 기대하는 숫자가 오는 스릴은 무엇과도 비교할 수가 없다. 섰다의 백미다. 낚시를 좋아하는 사람이 큰 고기를 낚을 때 맛보는 손맛과, 바람둥이들이 외간 여자와 은밀한 곳에서 나누는 잠자리의 맛이 그런 것 아닐까?

"한 번의 오리카시와 내리카시로 제한하는 것이 어때?"

영업 L이 조심스런 제의를 한다. 전체에 대한 제의가 아니다. 경리 C에게 결재를 득하기 위한 제안이라는 게 맞는 말이다. 아부하는 투의 말이다.

"좋아!"

아랫사람에게 무슨 시혜를 베푸는 사람처럼 입에서 내뱉는 말이다.

밤이 꽤나 흘러갔다.

씨받이 돼지 수놈은 그 일을 하는 게 일과다. 반복되는 작업을 하다 보면 나중에는 지쳐서 그 일을 하지 않으려 할 때도 있다. 인간은 잔혹하다. 업무수행에 지쳐서 꾀를 부리는 돼지 수놈에게 흥분제를 음식에 섞어서 먹인다. 눈이 빨개지고 어디서 힘이 났는지 제 몸이 망가지는 것도 아랑곳 하지 않고 신나게 새끼 만드는 작업을 한다.

도박꾼들의 얼굴을 살펴보았다. 눈자위가 깊게 꺼지고 눈동자는 흥분제를 먹은 돼지 눈과 같이 빨갛게 충혈되어 있었다.

흥분하고 화를 내고 있는 경리 C는 놀이 방법을 바꾼 두 번째 게임에서도 패배를 거듭하면서 씩씩거리고 화를 삭이지 못한다. 도수 높은 안경 속에서도 분노의 눈빛이 이글거리는 것을 알아차릴 수 있었다.

일은 꼬여서 수습하기 힘든 국면으로 자꾸 가고 있었다. 금고에서 꺼내 앞에 쌓아 놓았던 공금도 부피가 반으로 줄었다. 사무실에서 흘끔 창밖을 보니 희미하게 밝아오는 여명이 보인다. 게임을 끝낼 시간이 다가오고 있었다. 게임을 연장해서 집에 들어가지 않고 낮에까지 이곳에 머물 수는 없다. 밤을 새웠으니 하품만 나고 게임의 즐거움도 별로 없다. 통금 해제 사이렌이 길게 운지도 한 시간이 지났다. 집에 돌아가 아내에게 거짓말할 일만 동그라니 남아 있다. 밤을 새운 정당한 이유를 말해야 하니까 말이다. 오늘도 영철이 아버지가 죽은 초상집에 갔다 왔다고 할까? 영철이 아버지는 몇 번을 죽었다. 아내에게 거짓말한 것이 들통 나면, 초등학교 동창에서 대학교 동창까지, 동창들의 이름을 몇 차례 반복해서 써먹었다. 영업 L이 알려준 방법을 쓸까?

"더러워서 그까짓 회사 그만 벌어 치워야겠어!"

그 방법을 한 번 써먹어 보았더니 아내의 얼굴이 파랗게 질리고 불안감에 휩싸이는 것을 보았다. 좀 잔인한 것 같아도 위기를 모면하는 데는 최고의 수다. 급하면 또 써먹지 하고 내심 결정을 했다. 화투장을 왼손에 들고 검지와 중지 사이에 담배를 끼우고 밤새도록 담배를 피워 댔으니 두 손가락에 노랗게 니코틴이 끼어 있다. 두 손가락에 낀 니코틴만 보여 주면 딴짓거리는 하지 않았다는 것이 쉽게 입증이 된다. 가장으로서의 체면, 결혼기념일에 외박한 미안함을 어쩌면 좋지? 그래! 딴 돈을 모두 보너스에 얹어서 주면 안 될까? 아내는 집게벌레같이 온 몸을 닥치는 대로 꼬집을 테니 몇 번 꼬집히고, 몸이 말이 아니라고 이불 푹 뒤집어쓰고 자면 잔소리는 들리지 않을 테니까.

　경리 C만 깨진 채 얼굴이 사색이 되어 안절부절못하고 있다. 나머지 사람들은 게임에 이기고 있으니 밤을 새워 까칠해진 얼굴이지만 웃음을 잃지 않고 있다.

　"이제 집에 가야할 시간이 다 됐군."

　영업 L이 지나가는 말처럼 상대들의 의중을 떠 본다.

　"시간이 그렇게 됐군, 가야지!"

　업무 K가 시계를 보면서 능청스럽게 동조를 한다.

　"I am agree with you."

　무역 M이 영어로 동조의 신호를 보낸다.

　"지금 뭐라고 했어?"

　영업 L이 가겠다는 의지를 간접적으로 확인하는 신호다.

　"응, 나는 말이야, 입만 열면 수도꼭지를 튼 것 같아. 영어가 자동으로 튀어나와서 문제야. 미안, Sorry."

　모두를 까르르 웃으며 피로를 조금 풀어 본다.

　"모두 이만하고 집으로 가자는 이야기군. 나도 마지막 제안을 하겠어. 오리 내리를 제한 없이 몇 번 하는 것 어때?"

　오랜만에 입을 연 경리 C가 마지막 승부수를 띄운다.

　윷놀이에서 모가 아니면 도니 한 판 붙자는 제의다.

　노름꾼은 문지방 넘어갈 때를 보자고 했다. 마지막 웃는 사람이 최후의 승리자다.

　한 발도 뒤로 물러설 사람은 없다. 집에도 가야겠고, 돈도 더 따야겠고, 마지막 승부의 짜릿한 스릴을 맛보지 않은 사람은 그 맛을 모른다. 골프시합에서도 마지막 라운드의 마지막 홀에서 승패가 갈릴 때

가 많다. 선수가 아니고 응원을 하는 입장에서도, 응원을 하던 우리나라 선수가 기다가 뒤집기를 해서, 승자가 될 때는 선수보다도 더 기뻐서 좋아할 때가 있다. 모두가 동의를 했다.

선인, 경리 C가 기본을 지른다. 모두 따라간다. 말인 영업 L이 오리카시를 친다. 물 위에 어미를 따라가는 오리 새끼들같이 모두 따라간다. 안경 속에 눈이 번쩍 빛을 발하더니 경리 C가 내리를 친다. 눈빛이 심상치 않음을 느낀 둘은 빠지고 영업 L과 경리 C가 몇 번의 기 싸움을 했다. 판에 돈이 수북이 쌓여있다. 영업 L이 "그만 까지" 하고 휴전 제의를 한다. 멈칫하던 경리 C가 의외로 제의를 수락한다. 그리고는 돈을 모두 쓸어서 자기 앞으로 가져간다.

"잠깐! 패는 보여주고 가져가야지" 하면서 삼팔광땡을 보여주고 영업 L이 돈을 모두 본인 앞으로 끌어간다. 경리C는 패를 감추고 허탈해 한다. 궁금해서 감춘 패를 확인해 보니 그는 장땡이었다.

타짜들은 화투 스무 장을 쉽게 배분하고 모두에게 땡을 만들어 주는 속임수를 쓴다. 아마추어들은 어떻게 속이는지도 모른다. 그들은 능수능란하다. 많은 연습을 해서 달인이 된 사람들이다. 그러나 확실한 것은 노름으로 돈을 따서 재벌이 된 사람이 없다. 가정 파괴 아니면 손가락을 자르고 후회의 눈물을 흘리는 사람들만이 존재한다. 오늘의 멤버는 순수한 아마추어다. 봉급 생활 초년병들이다. 고스톱과 섰다 놀이가 좋아서 여기까지 온 거다. 조이는 맛, 상대를 이기는 승리의 쾌감, 상대가 패하여 의기소침해서 목을 길게 늘이고 있는 슬픈 표정을 보는 즐거움, 즐거워서 콩당콩당 뛰는 모습을 보는 재미. 주고받는 현찰 속에 웃음꽃이 활짝 핀다. 유머감각이 발달한 사람들이다. 조그만 일에도 의미를 부여해서 웃음보따리를 만든다. 적기에 급소를 찔러

웃게 만드는 기지가 있는 사람들이다.

  일은 맺고 끊은 듯이 딱 부러지게 하고, 놀 때는 끼를 발휘해서 확실하게 논다. 학교 다닐 때, 숙제는 밤을 새워서라도 꼭 했다. 공부시간에는 선생님 말씀에 온 신경을 집중해서 하나도 놓치지 않고 듣고 중요한 부분은 필기하고 집에서는 예습과 복습을 게을리 하지 않던 사람들이다. 그렇게 익힌 대로 행하고 있으니 직장에서도 승승장구하는 사원들이다. 홈이 있다면 자존심이 강하고, 승부욕이 남다르다는 거다. 남에게 지고는 못사는 사람들이니 사소한 일에 가끔 문제를 일으키기도 한다. 융통성이 없고 때로는 겸손치 못해서 봉변을 당하기도 한다. 자기주장이 강하다 보니 좌충우돌하고 초급 사원일 때는 자가당착에 빠져서 고생을 사서 하는 경우도 있다. 더불어 사는 세상을 익혀가는 과정이다. 30대에 상사의 눈치만 보고 용기와 패기가 없이 자기주장을 소신 있게 펼치지 못하는 젊은 초급 간부는, 40대 이후에 자기주장이 강해서 종으로 횡으로 적을 만드는 중견 간부와 같이, 중역이 될 수 없는 사람들이다. 직장생활에서는 자동으로 중도 탈락을 한다.

  세컨라운드Second Round를 시작하는 종이 울렸다. 새벽녘의 잠이 모두 달아나고 눈망울이 초롱초롱하다. 잘못하면 마지막 결전장이 될 수도 있다. 누가 KO 펀치를 맞을지는 아무도 모른다. 영업 L이 패를 잡고 화투장을 순서대로 돌린다. 긴장감이 감돈다. 패를 잡은 사람들은 눈을 지그시 감고 조이기를 시작한다. 자기 끗발을 확인 후에는 상대의 눈치를 조심스럽게 살피고, 상대의 표정에 따라서 나름대로 상대의 마음을 읽는다. 상대의 마음을 읽는다는 것은 상대의 끗발을 가늠해 보는 거다. 영업 L이 기본을 지른다. 모두 기본을 지른 후에 상대의 눈치 보기에 정신이 팔려 있다. 모두 상대의 마을을 읽으며 기본을

지른다. 말인, 무역 M이 왼손으로 돈을 잡고 다음 공격할 채비를 하는 듯한 자세를 취하면서 바른손으로 기본을 지르고는 과감하게 방이 쩌렁하고 울릴 정도의 큰 소리로 "오리카시"를 선언한다. 모두 기가 죽는다. 눈치를 살피던 선수들이 순서대로 오리카시를 받지 못하고 패를 내려놓는다. 마지막 영업 L까지도 고개를 갸우뚱하면서 게임을 포기 한다. 무역 M이 판돈을 거둬들이고 패를 까 보인다. 3.8 따라지다. 모두 경악을 금치 못한다. 한 방을 호되게 얻어맞은 사람들처럼 어처구니가 없다는 듯한 표정을 짓는다. 모두가 따라지보다는 높은 끗발을 갖고 게임을 포기했으니 얼마나 억울하겠는가?

　세상을 살아가다 보면 주위에 박사 학위를 갖고 계신 분들이 많다. 인문과학과 자연과학 분야의 박사 학위, 그 중에는 모기에 대한 박사 학위를 가진 분도 있다. 모기의 분포, 생태, 종류, 전염병을 옮기는 모기 등 모기에 대한 연구로 일생을 바친 분이다. 모기에 관한 한 그를 따를 사람이 없다. 모기에 대한 문제라면 그 분에게 자문을 구하면 답이 칙칙 나온다. 모기를 벗어난 다른 분야에서는 전혀 문외한일 수도 있다. 세상사의 모든 분야에서 박사일 수는 없다. 우리는 초등학교 6년 과정에서 국어, 산수, 사회, 과학, 미술, 음악, 체육 등 생활하는 데 알아야 할 기초 지식에 대한 수업을 받는다. 지금이야 국제화된 세상에서 살아가기 위하여 초등학교 때부터 외국어를 배우는 사람들도 많다. 그러나 옛날에는 중등학교부터 외국어 과목이 추가됐다. 중등학교에서는 초등학교에서 배운 전 과목이 세분화되어 깊이 있는 수업을 받는다.

　마작, 장기, 바둑, 고스톱과 같은 잡기에 대한 교육과정은 없다. 아이러니하게도 세상 사람 모두 한 가지 취미를 갖고 산다. 취미가 도를 넘으면 우리는 한 가지 병을 갖고 산다고 한다. 학교시절 공부를 잘하는 것과 취미는 별개의 문제다. 노래방에 가면 꾀꼬리같이 좋은 목소리로 노래를 잘 부르는 사람이 왕이고, 춤 방에 가면 음악 리듬에 맞추어 제비같이 날렵하게 춤을 잘 추는 사람이 왕이다. 골프장에 가면 싱글 골퍼가 왕이듯이 고스톱 판에 가면 고수가 왕이다. 오늘의 왕은 단연 영업통인 L과 M이다. 그러나 마지막 승부에서는 누가 왕인지 가리기 힘들다. 운칠기삼이라 했다. 운이 7할을 점하고 기술이 3을 점한다는 말이다. 운명의 여신이 오라는 반가운 손짓이 있어야 하고 조상이 솔밭으로 살살 기어 다녀야 한다. 허리를 폈다가는 총알에 맞을 수도 있고 솔가지에 눈을 찔릴 수도 있다. 지혜와 노력 그리고 운이 따라야 한다는 이야기다.

　3라운드에 접어들었다. 방에 있는 전등을 꺼도 될만큼 퍼진 햇살이 방에 가득하다. 눈이 부시다. 햇볕을 가리기 위해 커튼을 쳤다. 커튼 윗부분에 매달린 도르래 소리가 요란하다. 마지막 라운드다. 이기든 지든 손을 툭툭 털고 집으로 돌아가야 할 시간이 다 됐음을 해님이 알려 준다. 무역 M이 패를 가르고 본인 패를 조인다. 앞장에 팔공광을 놓고 삼광을 기대하며 조심스럽게 뒷장을 조인다. 검은 부분이 조금 비친다. 빛 광자가 보이기를 기대하면서 조금 더 조였다. 그냥 밀린다. 3.8광땡이 나오기는 글렀다. 검은 부분이 계속된다. 8땡이 확실하다. 조이기를 그치고 상대들의 표정을 살필 차례다. 눈을 조금 감고 조이는 사람, 입을 벌린 채 조이는 사람, 채광업자가 광맥을 찾다가 있는 돈 모두 탕진하고 어렵사리 찾은 광맥에서 노다지를 기다리는 심정이라고나 할까? 모두 눈에 불을 켜고 요행수를 바라고 있다.

　전 판에서 3.8 따라지로 기선을 제압했으나 이번에는 8땡을 잡았으

니 위장전술을 써야 한다. 상대들이 모두 본인의 패를 확인하고 눈치 보기에 바쁘다. 일단 작은 끗발을 잡은 것처럼 고개를 한 번 갸우뚱하고 기본을 질렀다. 줄줄이 따라온다. 마지막 경리 C가 오리카시를 친다. 역시 모두 따라온다. 늦은 가을, 음식에 달라붙은 파리 떼같이 모인다. 혼자서 속으로 쾌재를 불렀다. 손님이 없는 끗발은 소용이 없으니 말이다. 유인책으로 조심스럽게 내리카시를 불렀다. 업무 K만 기권을 하고 나머지 둘이서 따라붙는다. 경리 C가 오리카시를 부른다. 다시 무역 M이 내리카시를 부른다. 심상치 않음을 눈치 챈 영업 L이 기권을 부른다. 이제는 경리 C와 무역 M이 맞붙은 둘만의 싸움이다. 한 치의 양보도 있을 수 없다.

늦가을이면 독사의 몸에 축적된 독이 최고조에 이른다. 외부의 공격에도 민감하게 대응한다. 공격을 할 때, 머리는 정삼각형을 이루고 꼬리 부분만 땅에 붙이고 상체 부분을 빳빳하게 곧추세운 채 저돌적으로 공격을 한다. 모든 동물들은 한 번 물리면 심한 상처를 입고, 독이 온몸에 퍼지면 생명을 잃기도 한다. 독사는 곰과 같이 목이 없어서 좌우로 방향 전환을 하려면 몸 전체를 틀어야 한다. 방향 전환이 쉽지 않은 약점이 있다. 직선 공격을 할 수밖에 없다. 속도 또한 빠르다. 풀 위를 지나는 소리가 쏴하고 귀에 들릴 정도다. 이런 파상적인 공격을 피하는 방법은 갈지之자로 도망을 치다가 방향 전환을 하면서 쑥대로 목을 치는 것이다. 그러면 힘없이 무너지는 것이 독사다. 경리 C가 독사같이 목에 파란 힘줄이 튕겨 나올 정도로 목에 힘을 잔뜩 주고 덤벼든다. 무역 M은 이기기 위해 쑥대를 바른 손에 꼭 쥔 채 기회가 오기만을 기다린다.

경리 C가 다시 오리카시를 부른다. 그렇게 둘이서 몇 번을 오리 내리카시를 불렀다. 무역 M이 내리카시를 부르려니 댈 돈이 바닥났다. 우물쭈물하니 영업 L이 돈을 꾸어주겠다고 선뜻 나선다. OK 사인을 보내고 꾼 돈 전액을 판돈에 얹었다. 경리 C는 회사 금고 문을 열더니 돈을 더 꺼내서 내리카시를 받고 해당 금액을 판에 얹는다. 배짱과 오기의 싸움이다. 돈이 판에 수북이 쌓였다.

경리 C는 무슨 생각에 젖은 듯이 잠깐 멈칫하더니 제의를 한다.

"이제 패를 까지"라고 한다.

소심한 놈이라는 생각을 한 무역 M은

"아냐, 갈 때까지 가자고!"

배짱이 오기에 지고 싶지 않아서 내뱉은 한 마디다.

"돈이 없잖아."

경리 C의 볼멘소리가 입에서 튀어 나온다.

"이왕 버린 몸, 금고에서 다시 더 꺼내!"

무역 M이 물러설 수 없다는 듯이 맞받아친다.

버린 몸이라는 말에 경리 C는 정신이 확 나는 모양이다.

"당신 배짱에 내 오기가 졌으니 까자고!"

모두들 그렇게 했으면 하는 것 같았다.

"당신이 까!"

"무슨 소리를 하는 거야, 얘기 패에서 먼저 까야지!"

경리 C가 아무 말 없이 기분 나쁜 표정을 지으면서 패를 깐다. 국진 두 장이 판 위에 나둥그러진다. 9땡이다.

무역 M이 한 끗 차이에 처절한 패배를 맛본다. 국회의원 선거에서 차점자는 낙선이다. 차점이란 의미가 없다. 패배는 패배로 끝이 난다. 승부의 세계는 찬 얼음 덩어리같이 냉혹하다.

무역 M은 학교시절 운동선수였다. 구차하게 돈 잃고 개평 달라고 하는 사람을 제일 경멸한다. 모든 일에 정정당당한 사람이다. 승자와 패자의 위치는 다르다. 이긴 자는 기쁨의 감정을 표할 수 있다. 그러나 진자의 변명은 상대에게 구차하게 보인다. 시합에서 지면 깨끗하게 승복하고 다음을 위해 더 많은 노력을 해서 이기면 된다는 생각을 하는 사람이다. 세면대에 가서 간단히 얼굴과 손을 닦고 급히 밖으로 나가 택시를 잡아 탄다.

깜빡하고 조는 사이, 택시 기사의 브레이크 밟는 소리에 눈을 떠보니 집 앞이다. 대문 앞에서 막내딸을 등에 업고 서성이고 있는 아내의 모습이 시야에 들어온다. 피할 수도 없고, 피할 필요도 없다. "미안해"라고 우선 말을 하고 안색을 살폈다. 한잠도 자지 않고 밤을 꼬박 새운 것 같다. 얼굴이 까칠해 보인다. 등에 업힌 애기를 봤다. 칭얼대다 이제 막 잠이 든 것 같이 자고 있다. 아내는 힐끗하고 쳐다보더니 네 행적을 내가 알고 있다는 듯이 피식 하고 웃는다. 봉급 날, 소식도 없이 밤을 새우고 돌아온 남편이다. 교통사고가 나지 않았을까? 집에 오다 도둑은 만나지 않았을까? 상상의 나래를 펴고 무슨 생각인들 하지 않았겠는가? 소식이 없던 남편을 보니 밤새도록 쌓인 걱정, 원망, 후회, 분노가 봄눈 녹듯이 스르르 녹는가 보다. 낮에는 직장에 가서 선생 노릇으로 파김치가 돼서 집에 돌아오면 7살, 5살, 그리고 2살짜리 애기의 엄마 노릇, 가사에는 전혀 관심과 협조를 모르는 철부지인 큰애기까지 챙겨야 한다. 30대 초의 여인으로는 감당하기 힘든 일들이다. 이렇게 아내가 강한 이유는 친정아버지 덕택이다. 친정아버지는 현재 농협에 해당하는 금융조합에 다니다 퇴직을 하고 사업을 시작했다. 박봉으로 많은 자식들을 교육시킬 수 없다는 판단 하에 행한 일이다. 옳은 판단이었다. 6·25전쟁 와중에도 자식들은 어려움을 모르고 지냈고 7남매 모두가 고등교육을 받았으니 말이다. 충청도 K읍에 차린 사업장은 그런대로 유지를 했고, K읍에서는 유지 대접을 받고 살았다. 특히 마작, 바둑 등 못하는 놀이가 없었다. 옛날에도 주말 부부는 있었다. 경찰서장, 군수, 지청장은 관사가 있었으나 자식들은 모두 대도시에 가서 공부를 했다. 부인은 애들 곁에서 수발을 해야 한다. 퇴근 후에는 어쩔 수 없이 부인 없는 외로움을 달래기 위해 끼리끼리 모여서 마작으로 시간을 때운다. 초대 손님으로 빠지지 않는 단골손님이 그녀의 친정아버지다. 오빠들도 어릴 때부터 마작과 바둑에 접할 기회가 많았으니 자연스럽게 배우고 익히게 됐다. 오랜 직장 생활에서 남자들의 사고방식과 생활 행태를 알만큼 알았으니 나이에 비해서 수컷들의 생리에 대해서는 일가견이 있다. 남자들의 행동에 대해서 이해심이 많다. 무역 M이 그녀를 아내로 맞이한 것은 행운이다. 우연히 당첨된 로또 복권이다. 한 잠도 자지 않고 밤을 놀이로 꼬박 밝혔으니 눕자마자 깊은 잠으로 빠져든다.

　잠에서 깨어나 창밖을 보니 저녁 어스름인지, 아침 여명인지 분간이 가지를 않는다. 기지개를 힘 있게 해서 몸을 푼 다음, 일어나 창가로 다가가서 확인을 했다. 저녁이다. 출출해 밥 몇 숟갈을 뜨고 다시 잠으로 빠져 들었다. 아침 일찍 잠에서 깨어났다. 밤새도록 입에 줄 담배를 피운 탓인지 입맛이 깔깔하다. 출근 준비에 바쁜 아내가 말을 한다.

　"많이 깨졌지?"

　여자의 육감이 발동을 했는지 서슴없이 폐부를 찌르는 질문을 던진다.

　"응, 좀 잃었어."

　"얼마나?"

"월급과 보너스 몽땅 잃고 보너스만큼 더 꿔서 잃었어."

돈에 관한한 아내에게 한 번도 속인 적이 없는 사람이기에 솔직하게 말했다.

"누구한테 꿨어?"

"영업과장 L이 꿔줬어!"

"꿔달라고 하지 않았는데 꿔줬어?

"응, 상황이 그랬어."

긴 상황 설명은 변명으로 들릴 것 같아서 간단하게 단답형으로 답을 했다.

아내는 장롱 문을 드르륵 열더니 생활비에 손을 댄다. 회사 금고 문을 열던 지난 밤, 경리 C의 무모한 행동이 머리를 스친다. 몸이 훔츠러들고 간담이 서늘해진다.

"남자가 신용을 잃으면 세상을 올바로 살아갈 수가 없어, 이 돈 받아!"

이럴적 큰 잘못을 하고 어머니에게 꾸중을 들을 때와 같이 똑바로 눈을 뜨고 아내를 볼 수가 없다. 눈은 땅에 내리깐 채 주는 돈을 손으로 받았다. 세상을 살아감에 분수에 넘치는 놀음은 절대로 하지 않겠다고 속으로 굳게 혼자서 맹세를 했다. 이렇게 30대 중반에 쓸쓸하게 첫 번째 고개를 힘겹게 넘었다.

3. 두 번째 고개 너머에서도 유혹의 손길이

회사의 중견 간부는 사장이 주최하는 이른 아침 회의에 참석을 하고, 소파에서 손님을 몇 사람 만나다 보면 하루해가 금방 줄달음 쳐 간다. 남들이 보기에는 하는 일도 별로 없이 고액의 월급을 받는 사람처럼 보이기도 한다. 아래 직원들에게 치받치고 상사의 눈치를 보아야 한다. 아래 직원이 사고라도 치면 본인이 잘못을 저지른 사람처럼 가슴이 서늘해지고, 해결사가 돼서 바삐 움직여야 한다. 때로는 회사의 사운이 걸린 문제에도 관여를 해서 노심초사하고, 좋은 결과를 이끌어 내야 한다. 몸은 바쁘게 움직이지 않는 것 같아도 머리는 항상 빠르게 회전한다. 눈 감고 자는 시간 외에는 늘 회사쪽으로 머리를 향하고, 한 가지 생각에 머물러 있다. 사태를 분석하고 정확한 판단 하에 대책을 세워야 한다. 주말에도 한가하게 쉴 틈이 없다. 일이 벌어지면

즉각 회사에 가야 하고, 어쩌다가 주말 골프 접대라도 할 일이 생기면 즐기는 골프가 아니다. 머리는 항상 손님의 일거수일투족에 신경을 곤두세우고 하는 운동이니 재미는 하나도 없다. 손님에게서 회사가 의도하는 바를 어떻게 얻을 것인가에 대해 고심해야 한다.

  오늘은 모처럼 맞이한 한가한 토요일이고 봉급날이다. 시간이 있냐는 전화가 동창 C로부터 왔다. C는 고스톱과 골프를 좋아하는 친구다. 취미가 같으니 늘 늑대같이 잘 어울린다. 때로는 개성이 강해서 목청을 높이는 경우도 없지는 않지만 시간이 지나면 언제 그랬냐는 듯이 어울린다. 눈빛만 보아도 상대의 마음을 읽을 수 있는 친구다. 양력 명절 연휴에는 여관방을 정해 놓고 며칠씩 함께 어울리기도 하고, 신성시하는 배꼽 아래 문제도 스스럼이 없이 말해도 후환이 없는 친구다. 퇴근 후에 시간이 있느냐는, 한 판 하자는 이야기다. 전화를 받은 후에는 일이 손에 잡히지 않는다. 참새가 방앗간을 지나칠 수는 없는 일, 월급봉투를 양복 안주머니에 넣은 채 C의 사무실을 찾았다. 직원들이 퇴근을 한 후, 텅 빈 사무실 한구석에 있는 소파에 앉아서, 꾼들이 담배를 피워 물고 기다리고 있었다. 옛날 아쉽게 헤어진 연인을 만난 듯이 반갑게 맞이해 준다.

  오늘 멤버는 건설회사 C 상무, 관광회사 K 전무, 공무원 R 그리고 무역쟁이 K다.

  첫 판부터 흐름이 이상하다. 판에 먹을 것이 하나 밖에 없을 때, 앞사람이 하필이면 그것을 치거나 아니면 뒤로 맞아가서 칠 것이 없다. 새로운 패를 내야 할 입장에 처한다. 광 팔 기회가 오면 앞 사람이 죽어서 광을 팔지도 못하고 게임에 참석해서 진다. 연사에 걸리면 받은 패가 죽어야 할 쓰리또이 원 싱글패(같은 두 장짜리가 세 쌍이고 다른 한 장)

다. 치면 설사를 해서 다른 사람이 가져가고, 남들이 해 놓은 설사 패는 한 번도 가져오지를 못한다. 점수가 날만 하면 다른 사람이 사고를 쳐서 점수로 이어지지 못한다. 힘들게 점수가 나면 3점, 질 때는 대형으로 진다. 대량 득점 기회가 오면 이상하게도 예기치 않은 상황이 벌어져서 파토가 난다. 육갑을 집어 보고 자리를 바꾸어 봐도 옮기는 자리마다 오구삼살방이 된다. 오늘은 본인에게 맞는 명당이 없다. 점쟁이가 부적을 몸에 지니면 끗발이 난다고 했다. 거금을 주고 산 부적을 은밀히 팬티에 별도로 만든 주머니에 넣고 바늘과 실로 꿰맸다. 부적을 남들이 못 보는 사이에 손으로 만져 보았다. 확실히 부적은 있는데 왜 끗발이 나지 않을까? 이상한 일이다. 말린 여우××를 몸에 지니고 다니면 여자들이 줄을 서서 기다린다고 해서 거금을 주고 샀다. 몸에 지니고 다녀도 계속 헛발길질만 하늘에 대고 했다는 어느 바람둥이의 푸념이 생각난다. 요상한 일이다. 재수가 옴 붙었나 보다. 되는 일이 하나도 없다.

　월급봉투는 어림잡아 반으로 줄어들었고 시침은 벌써 밤 열 시를 가리키고 있다. 통금 시간을 계산하면 얼마 남지 않은 시간이다. 나머지 시간에 본전을 찾아야 하는데 시간이 너무 촉박하다. 마음이 조급해진다. 패가 웬만하면 고다. 광 값도 꽤 나간다. 고를 할 시점에서는 판단을 잘못해서 스톱을 걸고, 스톱을 걸 시점에서는 한 번에 본전을 찾을 욕심에 고를 걸어서 역전패를 한다. 상대들은 웃음이 난다고 깔깔 웃는다. 게임이 풀리지 않으니 상대의 조그만 웃음에도 화가 치밀어 온다. 상대의 패를 전혀 읽지 못한다. 바닥패에 칠 패가 있는데도 보지를 못하니 다른 패를 손에서 던진다. 연전연패다. 어쩌면 좋지? 시간은 자꾸 가는데. 돈을 더 잃기만 하고 재미는 하나도 없다. 마음에

여유도 없다. 월급봉투도 바닥을 드러내기 시작한다. 돈을 또 꿔서 할까? 망설여진다. 아니야! 첫 번째 고개를 처절한 심정으로 넘은 기억이 난다. 그래! 다시는 분수에 넘치는 게임은 하지 않겠다고 스스로 결심을 했지. 노름빚을 지면 아내에게 자존심이 상하는 일을 반복해야 한다. 오늘은 이것으로 또 끝을 맺자.

"택시를 타야 집에 겨우 갈 것 같아. 오늘은 이만하지?"

패자의 선언에 의아하다는 듯이 모두를 쳐다본다.

"내일 일요일인데 뭐 특별히 할 일 있어?"

날밤 까자는 동창 C의 제의다. C는 즐거웠고 돈도 땄다. 한 놈을 잡아서 셋이서 나누어 먹었으니 성이 덜 찬 모양이다.

"애들하고 어디 가기로 약속을 했어, 미안해! 다음에 다시 만나! 그동안 감기도 앓지 말아야 돼! 건강해야 다시 만나 놀이를 할 수 있으니까."

돈을 딴 사람이 판을 깨고 일어서 나가면 뒤에서 욕하는 소리에 뒷머리가 따끔따끔하다. 그러나 돈을 잃은 사람이 일어서는 경우는 없으니 욕을 먹을 일은 없다. 놀이가 풀리지 않는 날은 어쩔 수가 없다. 잃은 돈을 포기하고 다음을 기약하는 용기가 필요하다. 잃은 날 본전을 찾으려고 시간을 연장하면 끗발은 오지 않고 더 많은 돈을 잃게 된다.

상대들의 의사는 들은 체도 하지 않고 자리를 박차고 일어나서 문쪽으로 성큼성큼 걸어갔다.

아침에 일어나니 몸이 찌뿌둥한 게 누구에게 흠씬 매를 맞은 것 같다.

"왜 월급봉투를 안 줘?"

통금시간이 임박해서 온 사람이 월급봉투를 내놓지 않으니 이상한 느낌을 받은 모양이다. 시비조로 묻는다. 가슴이 찔끔해 온다. 평소

봉급날에는 월급봉투를 꼭꼭 아내 손에 쥐어 주었다. 가정의 평화를 위하여 때로는 경리과에서 금액을 조작하는 촌극을 벌이면서도 봉투만은 갖다 주던 사람이, 빈 손으로 와서 너스레를 떠니 이상할 수밖에 없었을 것이다.

"응. 은행에 넣었어!"

입에 침도 바르지 않고 거짓말을 했다. 물론 시일이 지난 후에 고백성사를 하면 된다. 아내를 속이면 밥 먹고 이를 닦지 않은 것과 같이 개운치가 않아서 늘 그렇게 했다.

"가계수표를 끊어 줄까? 얼마나 필요해?"

거짓말을 할 때는 눈을 똑바로 쳐다보면서 자신 있게 말을 해야 먹혀 들어간다. 아내는 반신반의하면서 믿는 눈치다. 일단 통과를 했으니 마음이 편안하다.

누워서 천장의 반자무늬를 보아도 화투장으로 보이고 벽지 무늬도 화투장으로 보인다. 처절하게 패한 어제 저녁의 일들을 생각하면 생각할수록 약이 오른다.

난생처음 화투장을 모두 헤아려 보았다. 48장이다. 광이 5장이고 띠가 10장이고 열은 9장이다. 피가 24장, 모두 합해보니 48장이 맞는다. 세 몫을 나누고 바닥패를 6장 깐 다음에 세 사람이 고스톱을 한다고 가정을 하고 혼자서 쳐봤다. 경우의 수를 생각해 보았다. 1977년에는 우리나라에서 처음으로 가계수표제도를 도입했고 부가가치세를 신설한 해다. 열사의 나라 중동에 한국이 진출해서 건설 붐이 일기 시작했다. 그 당시 고스톱에는 일반적으로 조커 사용도 별로 하지 않았고, 폭탄이 없었으니 승패에 갑작스런 변수가 없는 고스톱이었다. 민화투에서 조금 발전한 형태의 고스톱이었다. 재미가 별로 없는 밋밋한 고스

3장 고스톱 인생살이

톱이었고 정직한 고스톱이었다. 화투 장수를 파악했으니 이번에는 패인을 분석해 보았다.

화투판에서 이기기 위해서는,

첫째로는 건강해야 한다.

피로가 누적돼서 몸이 피로한 상태에서는 판의 전체를 읽을 수도 없을뿐더러 지구력도 없으니 장시간을 버틸 기력이 없다. 피로하니 하품만 나오고 게임에 흥미가 없어진다. 짜릿한 재미도 없다.

둘째로는 심리적으로 안정돼야 한다.

마음이 들뜬 상태이거나 불안 요소가 내재되어 있으면 안 된다. 온라인 상에서는 컴퓨터를 열고 들어가면 언제나 손님이 있어서 놀고 싶은 만큼 놀고 나오면 된다. 그러나 오프라인 상에서는 꾼들을 모아야 하고 장소를 마련해야 한다. 고스톱을 치고 싶은 사람이 모든 준비를 해야 한다. 먼저 제의하고 모객을 한 사람이 열 번이면 여덟 번 내지는 아홉 번은 게임에서 진다. 심리적으로 안정을 잃었기 때문이라는 생각을 했다.

셋째로는 화를 내는 날은 진다.

게임이 의도한 대로 풀리지 않으면 재미도 없고 화가 난다. 더욱이 농구시합이나 축구시합 같은 구기 종목에서 스타플레이어는 집중마크를 당한다. 짜증이 나는 일이다. 소나무에 있는 송충이도 건드리면 머리를 흔든다. 고스톱에서는 잘 친다고 소문이 나거나 쓸 데 없는 말을 입으로 해서 상대의 기분을 불쾌하게 하면 집중마크를 당한다. 게임에서 자꾸 질 수밖에 없다. 마음을 추스려야 한다.

넷째로 본전에 대한 미련을 버려야 한다.

일정한 한도를 정해 놓고 정해진 돈을 잃으면 훌훌 털고 일어날 줄 알아야 한다. 한도를 넘어 생활에 지장을 주는 금액을 걸고 게임을 하는 것은 노름으로 이어진다. 본전을 잃지 않고 즐겁게 놀 수만 있다면 얼마나 좋겠냐? 승자와 패자가 갈리는 놀이니 자신이 중심을 잡아야 한다. 특히 공금이나 봉급날 같이 많은 돈을 몸에 지니고 있는 날에 게임을 하는 것은 위험한 일이다. 화약을 들고 모닥불에 뛰어드는 일과 같다.

편히 쉬어야 할 일요일 하루가 온통 화투 생각에 머리가 흠뻑 젖은 상태에서 보냈다. 잃은 돈과 승부의 세계에서 처절하게 패한 생각을 하면 울화가 치밀고 속이 뒤집어진다. 게임을 제일 잘한다는 생각을 하는 사람의 자존심이 구겨진 날이다. 패인 분석을 철저히 했으니 오는 주말에 보자! 라고 혼자서 다짐을 했다. 흥분한 상태라 그런지 잠이 오질 않는다. 상대들의 심리 분석에 도움이 될까 해서 프로이드가 쓴 심리학 해설을 읽었다.

밤낮없이 기다리던 주말이 왔다. 결전의 날이 온 것이다. 창가에 비친 아침 햇살이 방을 환하게 밝힌다. 상쾌한 아침이다. 아침밥을 든든히 먹고 회사에 출근을 했다. 아침 회의가 시작된다. 의사결정을 하는 회의든, 아이디어를 찾는 회의든 회의의 기본은 솔직하고 허심탄회하게 서로의 의견을 말할 수 있어야 한다. 최고 간부의 잔소리로 시작을 하는 회의의 참석자들은 입을 꽉 다문다. 이런 회의는 시간의 낭비일 뿐이다. 회의는 크게 두 가지 형태로 진행된다. 하나는 최고 경영자가 간부들에게 일방적인 질책으로 시작을 해서 명령 하달 하는 형태로 끝을 맺는 회의가 있다. 다른 하나는 간부들의 의견을 개진하고 자유롭게 토의하는 형태로 진행하는 회의가 있다. 물론 최고 경영자는 말을 아끼고 간부들의 말을 많이 듣는 쪽으로 회의를 시작하고 끝을 맺

3장 고스톱 인생살이

는다. 전자 형태의 회사 사장은 정상적인 교육을 받지 못하고 맨발로 뛰어서 이룩한 회사다. 자수성가를 한 사람이다. 매사가 독선적이다. 돈을 버는 일에는 천부적인 재능을 타고난 사람이다. 1·4 후퇴를 할 때도 흥남부두에는 살기 위해 모두가 대기한 군함에 몸을 얹으려고 필사의 노력을 했다. 배를 타지 못한다는 것은 적지에 남아야 한다는 말이고 이는 죽음을 뜻한다. 그런 위급한 상황에서도 본인이 갖고 있던 자동차에 동태를 가득 싣고 대구에 가서 많은 돈을 벌었다. 5·16 광주사태가 일어났을 때도 많은 인명 피해가 있었다. 회사 트럭 앞에 적십자기를 달고 각 병원을 돌며 많은 의약품을 팔아서 큰돈을 벌었다. 다른 회사들은 그런 발상이야 했겠지만 실행에 옮기지 못할 때 용감하게 실행에 옮긴 사람이다. 사장이 하는 일에 이의를 제기하면 그 날로 미움을 산다. 간부까지 올라온 사람들은 사는 방법을 터득한 사람들이니 언제고 사장의 지시에는 납작 엎드려서 "예"라는 말이 입만 열면 입에서 자동적으로 튀어 나온다. 회사 간부부터 말단 사원에 이르기까지 모두 에스맨이다.

오늘도 공포의 지루한 회의가 시작됐고 끝낼 줄 모르고 이어진다. 사장의 불똥이 누구에게 떨어질지를 모르니 간부들은 잔뜩 긴장한 채 앉아서 고문을 당하고 있는 거다. 처자식을 부양한다는 게 그리 쉬운 일이 아니다. 오늘은 영업 실적이 부진하다고 영업 K, 품질에 문제가 있다고 생산 L이 ×나게 터졌다. 월급쟁이에게는 즐거운 주말에 뭇매를 맞은 K와 L은 벌레 씹은 얼굴을 하고, 나머지 간부들은 안도의 한숨을 휴– 하고 쉬면서 회의장을 빠져 나왔다.

책상에 앉아서 시계를 보니 10시 반이나 됐다. 비서에게 목욕탕에 간다고 사실대로 말하고, 단골 목욕탕 전화번호를 알려준 채 목욕탕으로 갔다. 비서는 K여고를 나오고 E여대 영문과를 나온 수재다. 사장이 필요할 때 찾으면 회사 간부는 즉각 대령을 해야 한다. 조금이라도 늦으면 불호령이 떨어진다. 비서와는 같은 월급쟁이 신세이기에 거짓 없이 모든 것을 말한다. 눈치 하나는 끝내주는 여자다. 느긋하게 목욕을 마치고 회사에는 점심 시간에 맞추어서 돌아왔다. 없는 사이에 온 전화를 점검했다. 기다리던 건설회사 C상무의 전화가 보인다. 속으로는 김 빼기 작전을 생각하면서 거짓으로 점심 식사 후 곧 가겠다고 응답을 했다. 한 시가 넘으니 또 전화가 온다.

"누구누구 와 있어."

"응, 관광회가 K와 둘이 있어."

"그래, 나 회사 급한 일이 생겨서 조금 늦을 것 같으니 둘이서 바둑 좀 두고 기다려."

둘이서는 바둑의 적수다. 물론 상당한 돈을 걸고 내기를 한다. 바둑을 두다가 실수를 해 한 편에서 물려 달라는 제의를 할 때 상대편에서 강력하게 못 물려주겠다고 하면 싸움이 벌어진다. 어느 때는 바둑판을 뒤집어엎고, 때로는 네 놈과 다시는 바둑을 두지 않겠다고 맹세까지 하기도 한다. 그러나 퇴근 후나 주말이면 또 만나서 노름꾼이 없으면 둘이서 내기 바둑을 둔다. 바둑을 두면 고스톱보다도 더 신경을 써야 한다. 그 점을 노리고, 안마를 잘하는 면도사가 있는 단골 이발소로 갔다. 안마를 시원하게 받으면서 깊은 잠에 빠져 들었다. 눈을 떠 보니 세 시가 가까워진다. 궁금하기도 하고 일주일 간 공들인 판이 깨지면 안 되니까 중간 확인 전화를 했다.

"공무원 R도 왔어?"

"곧 도착을 한다는 전화가 왔어."

3장 고스톱 인생살이

퉁명스런 대답이다. 분명히 둘이서 아옹다옹하고 바둑에 전념을 하고 있는 게 틀림 없다. 작전대로 일이 되어 가고 있다. 피로가 확 풀렸고 마음도 느긋하다.

현장에 도착을 하니 때맞추어 공무원 R도 왔다. 같은 승강기를 탔다. R의 안색을 살펴보니 몹시 피로해 보인다. 주말에 해결해야 할 사건이 있었던 모양이다. 옳거니! 모든 것이 계획대로 착착 진행되고 있다.

우리가 도착하기 직전에 시작한 바둑이 끝날 때까지 차 한 잔 마시며 다방레지와 허튼 농담을 하면서 시간을 보냈다. 세 사람이 모두 진이 빠진 상태라는 것을 직감할 수가 있다. 그들이 피로하면 상대적으로 승기를 잡을 확률이 높으니 싸움의 절반은 이긴 셈이다. 오전 내내 일을 하고 오후에는 그렇게 시간을 보냈으니 피로감이 엄습해 온 사람과 오전 회의가 끝난 이후 목욕탕으로 이발소로 몸 관리에만 치중한 사람과의 싸움이다. 오늘은 이겨야 한다.

지난번에는 봉급에 보너스를 얹어서 잃고, 한 달 치 봉급까지 꾸어서 잃고는 넓은 아량으로 감싸준 아내 앞에서 양심의 혼쭐이 기겁을 하지 않았던가? 어머니와 집사람과의 약속도 아니고 더욱이 자식과의 약속도 아니다. 나와의 약속이다. 나와의 약속은 지켜야 한다. 나와의 약속이 깨지는 날 나를 구렁텅이에서 구해 줄 사람은 아무도 없다. 혼자서 연구한 노하우가 있다. 생활에 아무 지장이 없이 즐길 수 있는 돈은 오른쪽 주머니에 넣고 놀이를 시작한다. 그 돈을 모두 잃으면 만세를 부른다. 놀이에 잃은 돈은 장시간 즐기는 기회비용으로 생각하면 마음이 편해진다. 그래도 아쉬움이 남는 날은 잃어도 생활에는 큰 지장을 가져다주지 않은 왼쪽 주머니에 있는 돈에 손을 댄다. 끝까지 게임이 풀리지 않는 날이 있다. 그런 날은 술이나 마시면서 시간을 때

우면 된다. 같은 잘못을 되풀이하고 싶지 않아서 생각해낸 본인만의 비법이다.

오기 전에 지난 번 잃은 돈의 20%를 현금화했다. 그 돈을 잃으면 게임을 그만할 생각을 했다. 이번 주에도 또 지면 다음 주를 기다린다는 생각이다.

"우리 모두가 여우 같은 아내와 토끼같이 귀여운 자식들이 집에서 기다리고 있으니 10시까지만 놀고 집에 가는 거 어때?"

모두가 동의할 제안을 했다.

"좋아."

모두 동의한다. 가족에게 미안한 감정은 모두에게 있는가 보다.

시계를 보니 벌써 8시를 가리킨다. 4시경에 시작을 했으니 4시간이 순식간에 지나갔다. 그렇게도 기계 같이 상대의 패를 읽으면서 게임을 하던 그들인데 오늘은 아니다. 고장 난 기계다. 상대들의 허점이 눈에 들어온다. 살살 약을 올리면 약발이 받는다. 세 사람들이 천방지축이다. 왜 그 패를 던졌냐고 서로가 서로를 원망한다. 자중지란이 일어난다. 상대적으로 게임이 술술 풀린다. 세 사람이 모두 터진 상태고 혼자서만 승리자가 됐다. 지난 주와는 전혀 다른 양상이다. 앞에 있는 돈을 어림해 보았다. 지난 주에 잃은 돈을 모두 찾은 것 같다. 이제는 돈 관리에 들어가야 할 시기가 온 것이다. 무언의 압력을 가하기 위해 그들과 눈이 마주칠 때마다 손목시계를 보았다. 두 시간밖에 남지 않았으니 시계를 볼 때마다 그들이 불안해진다는 것을 알고 있기에 가하는 압력이다. 좋은 패와 나쁜 패를 골라가면서 놀이를 했다. 치고 빠지는 작전이다. 끗발이 날 때는 조건 없이 게임에 참여를 하고 무리한 고도 서슴지 않고 부른다. 작전이 먹혀 들어간다. 약속한 시간인

10시가 다 됐다.
"어! 시간이 다 됐어."
혼잣말처럼 중얼거렸다. 연장 걸 것을 빤히 알면서 능청을 부린 거다.
"통금시간이 아직 남았으니 한 시간만 연장해!"
다급해진 C가 패자를 대표해서 한마디 한다.
"응, 그래."
못 이기는 척 하면서 제의를 받아들였다.

화장실에 갔다 와서 C의 오른쪽으로 자리를 옮겼다. C는 다혈질이다. 지고는 못 배기는 성격이다. 화가 나면 무소불위로 덤벼든다. 광장사나 하면서 시간 끌기 작전을 하려는 심보를 그들은 모른다. 시간은 쏜살같이 지나간다. 시계를 봤다. 11시 반이다. 밖으로 나가서 길거리를 헤매면서 빈 택시를 보면, 손가락 두 개를 편 채 한 손을 번쩍 들어 "따블"을 외치고, 사람이 탄 택시를 보면 합승을 해야 겨우 통금시간 전에 집에 도착할 수 있을 것이다. 마지막 게임이 끝나자마자 벌떡 일어섰다. 그들에게 최소한의 예의는 지켰다. 돈을 따고 먼저 간다 해도 뒤통수가 따끔따끔 할 일도 없고 돈을 더 따고 싶은 생각도 없다. 첫 번째 고개를 넘던 악몽이 뇌리를 스친다. 건설회사 상무 C가 조금만 기다려 달라고 애원을 하면서 화투장 20개를 고른다. 진짜 노름을 하자는 신호다. 둘은 그 동안 반 본전을 했고 C만이 많이 터졌다.
"조건이 있어! 노름은 안 할거야!"
단호하게 거절의사를 표했다.
"그러면 고리나 봐!"
판을 깨지 않으려는 C의 궁여지책의 신호음이다.
할 수 없이 잡혔다.

셋이서 용호상박을 한다. 졸면서 고리만 열심히 뗐다. 통금해제 사이렌이 울린다. 고리 뗀 돈이 어제 이긴 돈과 같이 많다. 밖에 나가 보니 구멍가게 한 곳에서 불빛이 밖으로 새어 나온다. 급히 가서 우유와 빵을 한 보따리를 사서 방에 넣어 주었다. 밤새도록 먹은 게 없는 이들에게 먹을 것을 갖다 주니 고맙다는 말을 한다. 출출할 때니 게걸스럽게 마시고 먹는다. 기본 예의는 지켰으니 뒤도 돌아보지 않고 밖으로 발걸음을 옮겼다. 이른 새벽에 안개 속을 헤치면서 집으로 돌아왔다. 지난주에 진 빚을 모두 갚고 돌아온 날이다. 콧노래를 부르면서 두 번째 고개를 즐겁게 넘어갔다.

3장 고스톱 인생살이

4. 세 번째 고개 너머에는 꽃뱀들이 혀를 날름거리고

아파트 앞에서 택시를 기다리고 있었다. 뒤에 있던 여인이 염치도 없이 택시 문고리를 손으로 먼저 잡고 탈 기세다. 같은 아파트에 살면서 싸움을 할 수도 없고 합승을 할 속셈으로 어디로 가느냐고 물었다. 같은 방향이다. 합승을 해도 되느냐고 물었다. 주객이 전도됐다. 아래위를 훑어보더니 좋다고 한다. 생각할 틈도 없이 택시에 몸을 실었다.

"어디까지 가시죠?"

"약수동으로요."

얼굴을 힐끗 훔쳐보니 동년배쯤 되는 것 같고 음색도 곱다. 호기심이 발동한다.

"이 밤에 무슨 일로 가시는지 물어봐도 됩니까?"

"고스톱 치러 가요."

거침없이 고스톱 치러 간다고 한다. 구미가 당긴다.

"어! 나도 고스톱 치러 가는데."

말끝을 흐렸다.

"일 점에 얼마짜리 고스톱을 치죠?"

"일 점에 1,000원짜리를 치고요, 열 받으면 5,000원짜리를 치죠!"

풍기가 있는 남자는 소슬바람에도 몸이 흔들린다. 여자 앞에서는 뻥이 심하다. 3, 5, 7, 9에 1,000원짜리 고스톱에도 몸을 사시나무 떨듯이 마음에 안정을 찾지 못하고 게임을 하는 주제에 장마철에 맹꽁이가 배를 한껏 부풀리듯이 허세를 부렸다. 한 말을 주워 담을 수도 없고, 땅 바닥에 엎질러진 물이고, 깨진 유리잔이다.

"네! 그래요. 우리와 똑같은 액수를 놓고 놀이를 하는군요. 호호호."

간드러지게 웃는다. 웃음소리가 매력적이다. 아내에게서는 듣지 못하던 싱그러운 웃음이다.

"우리 같이 한번 해요!"

한번 하자는 말이 뜻하는 바가 헷갈리지만 우리라는 말은 복수이니 고스톱을 뜻하는 것 같다. 상대도 호감이 가는지 먼저 제의를 한다. 거절할 이유가 없다. 잘 하면 도랑치고 가재도 잡을지 모른다. 기대가 된다.

"네, 그러죠."

기대했다는 듯이 말이 떨어지지가 무섭게 넙죽 받아먹었다.

"몇 호에 사시죠?"

"저는 807호예요."

"저도 707호에 살아요."

같은 동의 아래 위층이다.

"언제 하시겠어요."

"아무 때나요, 늘 시간이 있어요."

마음의 문을 연 상태다. 쇠뿔도 단숨에 빼라고 했다. 음식도 식기 전 뜨거울 때 호호 불면서 먹어야 제 맛이 난다. 여자의 마음은 갈대와 같다고 했다. 흔들릴 때 닭 모가지를 비틀듯이 휘어잡아야 한다는 것쯤은 알고 있다.

"내일 어때요? 일요일이니까요."

"좋아요."

다 된 밥이다. 숟갈을 들고 맛있게 먹기만 하면 된다.

"오늘 저녁 행운을 빕니다. 끗발이 날 겁니다."

약수동까지의 택시 값을 어림잡아 그녀의 손에 쥐어 주고 내렸다. 손의 체온이 따뜻하다.

아내가 교회에 갈 시간이 궁금해진다. 아내가 없어야 역사가 이루어지는데 마음이 조급해진다. 똥마려운 강아지 쩔쩔 매듯이 오전 내내 왔다 갔다 하면서 아내가 교회에 갈 시간이 언제인가에 온 신경을 썼다. 물어볼 수도 없다. 물어 보았다가 오늘은 교회에 큰 행사가 있으니 꼭 당신과 동행을 해야 한다 하면 낭패다. 그럴 경우를 대비해서 거절할 정당성을 미리 생각해 두어야 한다. 숨죽이고 눈치 채지 못하게 기다려야 한다. 시간이 지루하게 간다. 정말로 Time Goes By So Slowly다. 아내가 보이지 않기에 안방으로 가 보았다. 경대 앞에서 화장을 하고 있다. 외출할 시간이 임박해진 모양이다. 휴우 하고 한숨을 길게 쉬었다.

슬리퍼를 신은 채 아래층으로 내려가 보았다. 야릇한 느낌을 갖고 벨을 눌렀다. 아파트 현관문을 열고 나타나는 사람이 모르는 사람이다. 가슴이 철렁하고 내려앉는다. 순간 당황했다. 멀리 소파에 앉아 있는 여인이 들어오라고 손짓을 한다. 어제 밤에 본 그 여인이다. 천만다행이다. 반죽도 좋게 그 집 소파에 앉아서 커피를 마셨다.

"올 사람이 누구누구죠?"

건설회사에 다니는 C 그리고 공무원 R이라는 말까지만 했는데 말을 중간에 끊는다. 고개를 갸우뚱 하더니 "점 당 1,000원짜리 고스톱을 치기에는 너무 약한데"라고 혼잣말처럼 중얼거린다.

"아니, 괜찮아요, 우리는 늘 그렇게 하고 있어요."

늘 그렇게 한다는 말은 판을 크게 친다는 말이다.

자신 있게 말을 했다. 이제는 뒤로 물러설 수도 없다.

"그러면 오후 3시까지 203동 509호에서 만나요!"

"거기가 어딘데요?"

"오시면 알게 됩니다. 친구 집이에요."

203동은 단지 내에 있는 동이고 평수가 제일 큰 곳이다.

아내가 교회에 가고 없는 텅 빈집으로 급히 와서 C와 R에게 전화를 했다. 전후 사정을 묻기에 그냥 와보면 알 거야 하고 전화를 끊었다. 수색대는 사전에 가서 조사를 하는 임무를 띠고 있다. 제일 먼저 가보고, 아니라는 판단이 가면 C와 R에게 오지 말라는 통지를 할 의무를 지고 있다. 중매를 잘하면 술이 석 잔이고 잘못하면 뺨을 석 대 맞는다고 했다. 앞장서서 연락을 하다 보면 별의별 사람들을 다 만난다. 어떤 사람은 돈을 따면 아무 소리도 하지 않다가 돈을 잃으면 당신이 오라고 해서 왔더니 돈을 잃었다고 원망을 하는 사람도 있다. 그런 원망의 소리를 들으면 처음에는 섭섭하기도 했지만 지금은 개의치 않는다. 모든 일에 긍정적이지 않고 부정적인 사람은 어느 때나, 어느 곳에

가도 투덜거리면서 산다. 늘 마음이 흡족하지 못하고 부족한 상태에서 세상을 살아가니 불만투성이다. 어느 때는 옆에 있기가 민망할 때도 있다. 나이가 들어도 곱게 늙지를 못하고, 부정적으로 세상을 살아가는 사람들은 나이보다도 훨씬 더 늙어 보인다.

아파트 현관을 들어서니 우선 눈에 띠는 것이 골프채다. 그 당시로는 최고 가격의 상표가 선명하게 보인다. 진열장에는 양주 전시장을 방불케 할 정도로 많은 종류의 술들이 꽉 들어차 있다. 방에 들어가 보니 호화 무늬의 자개장롱에서부터 모든 가구들이 비싼 것들만 즐비하게 자리를 잡고 있었다. 뭐하는 여자들일까? 겁나는 것은 없지만 궁금한 게 한두 가지가 아니다. 30대에서 40대들이 대종을 이루고 50대들도 가끔 눈에 띤다. 유한 마담들? 이혼녀들의 모임? 퇴기들의 모임 장소? 의상이나 말투로 미루어 볼 때 전문 도박단이라고 말하는 타짜들은 아닌 것 같다. 화투를 쳐 보면 타짜인지 아닌지는 금새 식별할 정도는 되니까 걱정할 필요는 없다. 서울이 무섭다고 과천서부터 벌벌 기어서야 되겠는가? 타짜라는 게 확인되면 그 시점에서 게임을 중단하면 되니까 말이다.

약속시간이 되니 바퀴벌레 같이 하나둘 모여든다. 남자와 여자들이 모여드니 왁자지껄하다. 사람 사는 냄새가 물씬 풍긴다. 남자와 여자들이 함께 하니까 모두 신바람이 나는 모양이다. 머리에서 엔돌핀이 꽉꽉 쏟아져 나오는가 보다. 분위기가 화기애애하다. 활짝 핀 꽃밭에 호랑나비들이 떼 지어 앉아서 꿀을 먹는 모양 같다. 꽃은 움직이지 못하는 식물이니 꽃가루받이를 해주는 나비가 고맙고, 나비는 이 꽃에서 저 꽃으로 옮겨 다니며 단 꿀을 실컷 먹을 수 있으니 얼마나 좋은가? 결혼이란 틀에 얽매여 검은 머리가 파뿌리가 될 때까지, 좋으나 싫으나 살아야 하는 우리네 삶과 비교가 된다. 서양 사람들은 이혼을 밥 먹듯이 한다. 좋으면 만나고 싫으면 헤어진다. 이혼을 한 사이에도 함께 생산한 자녀들의 결혼식에는 참석을 한다. 둘 사이에는 아무 일도 없었다는 듯이 태연하게 자리를 같이한다. 새로운 자기 부인을 소개할 때도 몇 번째 부인이라고 소개를 하고, 여자도 몇 번째 남편이라고 거리낌이 없이 상대에게 소개한다. 우리는 한 번 헤어지면 자식들뿐만 아니라 부모와 친척들까지도 철천지원수로 생각을 한다. 성격이 맞지 않는 사람과도 짧은 인생을 함께 해야 한다. 울타리에 갇혀서 평생 원수로 지지고 볶으면서 산다. 우리나라는 간통죄가 있다. 세계에서 몇 안 되는 나라다. 물론 서양 사람과 우리들의 차이다. 그러나 그들의 삶 방법에 상당 부분 공감이 간다. 우리나라 젊은이들의 이혼율이 근래에 와서 많이 늘어났다. 이혼율이 OECD 국가 중에서 1위다. 세 쌍이 결혼하면 한 쌍이 이혼을 한다고 한다. 또한 독신자들이 많이 늘어나서 국가에서도 골치를 앓고 있다. 인구수는 국력이니까 말이다.

주안상이 있고 여자가 있으니 술 좋아하는 건설회사 C는 판에는 관심이 없다. 입에 쩍쩍 달라붙는 양주와 예쁜 아가씨들이 있으니 그 곳을 떠날 수가 없는가 보다. 더욱이 술값도 없고 팁도 필요 없는 여자가 있으니 어쩌겠는가? 세상에는 공짜가 없는데 이곳에는 모든 게 공짜다. 신이 나는 일이다.

다섯 명이서 치는 5화투다. 여자가 셋 그리고 남자가 둘이다. 물론 화투판 옆에도 주안상이 차려져 있다. 고스톱을 치는 사이사이에 술을 마신다. 남녀 공히 거나하게 취한 상태다. 이 여자친구들은 고스톱을 치지 않는 사이에 아파트가 덥다는 핑계를 대고는 하나하나 옷을 벗고 한복 속치마로 갈아입었다. 브래지어도 없다. 몸을 흔들거나 화

투를 치기 위해 몸을 숙이면 두 개의 허연 젖무덤이 흔들거린다. 화투장 보다 그 곳에 눈이 자꾸 멈춘다. 받은 패가 좋지 않아서 죽으려고 하면 뒤에 있던 여자가 성감대가 예민한 부분을 손으로 툭 치면서
"자기 나야! 광 좀 팔게 해줘."
애교가 뚝뚝 떨어지는 비음을 낸다.
"응, 팔아!"
　광이 몇 개든 상관이 없다. 치사하게 들어갈 수는 없는 일이라고 생각하는 게 남자들의 일반적인 생각이다. 돈 생각하고 상대의 말은 듣지 못한 척하면서 쏙 들어가는 남자는 없다. 여자들은 직감력과 손이 빠르다. 남자들은 그들의 속도를 따라갈 수가 없다. 그들의 속도에 맞추다 보면 전체를 읽을 수가 없다. 속도를 좀 늦추면 복덕방에서 온 늙은이 같다고 핀잔을 준다. 자존심을 건드린다. 어쩔 수 없이 그들의 속도에 맞추어야 하니 매번 급하기만 하다. 예비군으로 술자리에 앉아서 술을 마시던 여자들이 심심하다고 하면서, 여자들끼리는 고스톱판에 임무교대를 수시로 한다. 두 남자는 늦은 오후부터 다음 날 새벽까지 근무 중 이상 무를 외친다. 코피를 흘리면서 놀이를 계속한다. 놀이에 지는 것은 당연하다. 재미있게 여자들과 놀았다고 생각하면 된다. 공짜가 아니다. 외상 없는 인생열차라고 했던가? 인생길에 외상이 없듯이 공짜가 없다. 남자들은 있는 돈을 모두 털리게 돼 있다. 집에는 언니가 있지 않느냐고 하면서 새벽에는 집으로 보내준다. 빈손으로 보내지 않는다. 언니한테 용돈을 주라고 하면서 상당한 액수의 돈을 손에 쥐어 준다. 깨가 든 병을 깨트리고 땅 위에 흐트러진 깨알을 몇 개 주어서 집으로 가져오는 격이다. 남자들은 다음에는 또 다른 친구를 데리고 그 집으로 가서 놀다 오고, 친구의 친구는 또 다른 친구

를 데리고 그 집으로 가서 놀다 온다. 한 해 겨울에 수많은 남자들이 그곳에 가서 모두 죽어서 나왔다. 돈은 좀 잃었을지 모르지만 어디 가서 그렇게 재미있고 즐겁게 시간을 보낼 수 있었겠는가? 집을 지키는 아내들과 가족에게는 좀 미안했지만 무릉도원에서 보낸 따뜻한 겨울이었다. 수컷들만이 드나들던 은밀한 장소였다. 지금도 그 집 앞을 지나노라면 젊은 날의 옛 생각에 젖어 피식하고 웃으며 지나친다. 인생의 뒤안길에 접어든 아내가 웃음의 의미를 어떻게 알겠는가? 웃음의 의미를 궁금해하는 늙은 아내와 어깨를 나란히 하고 걸으면서 옛 이야기 꽃을 피우고 싶다. 아니다! 여자는 늙어도 여자이니까. 이 세상을 떠나는 날 신부님 앞에서 고백성사를 할 때나 할 이야기가 아닐까? 그렇게 세 번째 고개를 넘었다.

3장
고스톱 인생살이

어느 광부의 손

노동에 시달린 아버지의 손
굵은 뼈마디마다 고통이 서려있고
퍼렇이 든 손바닥은 애환의 역사

석탄가루와 땀으로 뒤범벅이 된 얼굴
헌하게 웃는 백옥같이 힌
이 사이로 꿈나무의 꿈이 보이네

먹물들인 시커먼 손 가족 살아갈 길 뚫고
유학 길 나선 자식들 학비까지 책임 진
세상에서 가장 아름다운 손

폐가 굳어가는 진폐증을 안고
가족에게 보내는 마지막
당부當付의 손짓은 천사의 날개 짓

막장인생의 손바닥엔
진흙 속에서만 피는
예쁜 연꽃이 오늘도, 피고 집니다

타짜들의 속임수 사례

필자의 초등학교 동창생 중에 타짜가 있다. 그는 도박을 전문으로 하면서 한 세상을 살았다. 많은 돈을 벌어서 여관업을 했었다. 지금은 저세상으로 갔다. 지옥인지 천당인지는 몰라도 살아온 한 세상을 생각하면서 지금도 어디에선가 오관을 띠고 있을지도 모른다. 48장의 화투 패를 두 손 안에서 자유자재로 움직인다. 연습을 많이 해서 손가락에 군살이 박혀 있다. 그가 보여주는 시범을 보노라면 감탄사가 절로 나온다. 신기에 가깝다. 타짜는 타짜를 알아본다고 했다. 그들은 돈을 많이 잃은 사람, 또는 하루아침에 일확천금을 벌려는 사람들의 하수인이 돼서 대리전을 하기도 한다고 했다. 아마추어가 타짜들에게 걸리는 날은 제사상을 받는 날이다.

* 화투놀이와 관계가 없는 말이나 행동을 주의해야 한다

   판이 끝나면 화장실에 가겠다고 하는 말은 똥을 내라는 신호다. 타짜끼리 주고받는 은어다. "전두환은 지금 집에 있어"라는 말은 팔공광을 갖고 있다는 신호다. 설사를 하면 겸연쩍은 듯이 머리를 긁는다. 뒷머리를 긁으면 설사한 패를 갖고 있지 않다는 신호이고, 앞이마를 치면서 "아이고" 하면 설사한 패를 갖고 있다는 신호다. 그들끼리 약정된 은어를 사용하고 있다. 결정적일 때 한 마디씩 하니 다른 사람들은 알 길이 없다.

* 화투 패를 보여준다

   아마추어는 쓰리고의 기회가 오거나 대량 점수를 얻을 때는 흥분을 한다. 자기 패를 보기도 바쁘다. 타짜는 이 기회를 놓치지 않고 패를 또 다른 상대에게 보여주어 위기를 모면하거나 파토를 유도한다. 타짜가 아닌 고수들도 가끔 위와 같은 행동을 한다. 이래저래 하수는 당하게 되어 있다.

* 알이 큰 반지를 낀 사람이나 귀에 이어폰을 낀 사람은 조심해야 한다

 화투 패를 나누어 줄 때 나누어 주는 패가 알에 비추어 진다. 상대에게 무슨 패가 들어가는지를 안다. 타짜는 순간 포착을 기가 막히게 잘한다. 기억력도 좋다. 화투에 관한 한 그들은 천재다. 그 방면으로 신경을 곤두세우고 많은 연습을 한 결과다. 때로는 거울도 이용을 한다. 음악 애호가와 같이 이어폰을 귀에 끼고 음악을 듣는 척한다. 또 다른 장소에서 영상을 이용하여 상대의 패를 읽고 정보를 주는 방법이다.

* 색안경을 낀 사람을 조심하라

 화투에 형광물질을 발라놓고 특수 제작된 안경을 쓰면 패를 알 수가 있다.
 상대의 패를 그리고 바닥패를 보면서 본인에게 유리한 사항과 불리한 사항을 계산하면서 치는 고스톱이다. 모르는 사람은 백전백패를 할 수밖에 없다. 타짜는 화투 생산 공장에서 특수 제작된 화투를 근처 가게에 맡겨 놓고 새로운 화투를 사오는 척 하기도 한다. 물론 가게 주인과 타짜 사이에 묵계가 있다.

3장 고스톱 인생살이

* 기리뭇에서 가져오는 패를 높이 들었다가 바닥패에 치는 사람을 조심하라

  일본 말로 도쯔라고 한다. 타짜는 왼손에 있는 한 장을 바른 손에 감춘 상태에서 기리뭇에서 갖고 온 한 장을 높이 드는 순간 바꿔치기를 한다. 예를 들면 상대가 쓰리고를 한다. 상황이 급하게 돌아간다. 홍단 하나는 갖다 놓은 상태고 바닥에 홍단이 두 장이 깔려 있을 경우 바닥패를 칠 때 홍단 한 장에 치고, 높이들 때 기리뭇에서 가져온 화투와 차고 들어간 홍단으로 바꿔친 거다.
  다음 차례를 기다리지 않고 쉽게 홍단을 하는 방법이다. 화투 두 장을 섰다할 때와 같이 조이는 행위도 눈여겨 보아야 한다. 조이는 척 하면서 차고 들어간 패와 바꿔치기를 하는 몸짓이다. 상대가 득점을 하고 스톱을 걸 때 피 여섯 장을 못하면 피박을 쓴다. 왼손에서 슬쩍 필요한 피를 떨어뜨려서 피박을 면한다. 타짜는 마술사다. 순간에 눈을 속인 거다.

* 기리뭇을 나누어 줄 때 화투장을 펴서 던지는 사람을 조심하라

  선이 기리뭇을 나누어 줄 때 바른 손으로 해당되는 장수를 상대에게

나누어 주면 된다. 화투장을 펴서 던지는 것은 화투장에 형광물질이 칠해져 있거나 또 다른 표시를 한 증거다. 화투 밑을 보아서 어느 패가 누구에게 들어가는가를 알아내고 기억을 한다. 귀신이 곡을 할 정도로 빠르게 본다. 그리고는 적절한 때에 작전을 구사한다. 형광물질이 칠해진 화투장을 몰래카메라를 설치하고 상대 패를 보면서 친다. 사기극을 연출하고 있는 이들을 어떻게 이기겠는가? 남의 돈을 따겠다고, 잃어버린 돈을 찾겠다고 노름판에 발을 들여 놓은 것이 잘못이다. 포기를 해라. 빨리 포기를 하면 할수록 신상에 좋다.

* 남의 눈치 살피는 사람을 조심해라

학교를 다닐 때 커닝을 하는 학생들은 깨알같이 잔글씨로 써온 커닝 페이퍼를 보거나, 시험지를 바꿔치기 할 때 감독선생님의 눈치를 살핀다. 바람둥이들도 초기에는 가정파탄을 원하지 않기에 외도를 할 때는 상대의 눈치를 살핀다. 정당한 행위를 하지 않을 때는 누구나 상대의 눈치를 본다. 하물며 사기고스톱을 치는 사기꾼들도 속임수를 할 때는 상대의 눈치를 살필 수밖에 없다. 자기가 갖다 정리한 패나 상대의 패, 그리고 자기의 남은 패를 보면 된다. 필요 이상으로 상대의 얼굴 표정을 자주 보는 행위는 속임수를 쓰기 위한 첫 번째 행동이다. 조심해야 한다.

* 왼손을 펴지 않고 오므리는 행위를 할 때는 속임수가 있다

    보통 사람들은 받은 패를 부채살을 펴듯이 왼손에 편 상태로 쥐고 놀이를 한다. 그러나 타짜들은 패를 왼손에 바싹 오므린 상태에서 놀이를 한다. 속임수의 시작이다. 화투장은 딱딱하고 작다. 또한 사각으로 만들어져 있다. 왼손을 오므린 상태에서는 상대에게 들키지 않고 패를 오른 손으로 이동하기가 쉽고, 바른 손바닥에 숨겨 놓기가 쉽다. 한 장을 숨겨 놓은 상태에서 필요하면 설사도, 약단도 자유롭게 조작을 한다. 숨겨 놓은 패를 가지고 한 번에 필요한 패를 두 장 가져와서 스톱을 걸 수가 있다. 급한 상황이면 한 장이 소매 속으로 들어가기도 하고 때로는 바닥에 흘려 파토를 만든다. 화투장은 발도 날개도 없는데 날아다닌다. 능수능란한 솜씨다. 많은 연습을 한 숙련공이다.

* 상대에게서 피를 받을 때를 조심해라

    설사한 패를 가지고 오거나 쪽을 할 경우 상대에게서 피를 한 장씩 받는다. 타짜는 피 한 장을 주지 않거나, 줄 경우 엉뚱한 상대에게 준다. 손에 패를 갖고 설사한 것을 바닥에서 가져올 때, 상대에게서 피를 받다가 보면 깜빡 잊고 기리묶에서 한 장을 뒤집는 것을 잊을 때가 있다. 파토다. 타짜 차례가 오면 바닥패 장수가 맞지 않는 것을 지적하고 파토를 선언한다. 다 된 밥에 ×를 빠뜨린 결과가 온다.
　　아깝고 속이 뒤집어진다.

＊ 화투 한 장을 더 가지고 친다

　　보통 사람들은 한 장을 더 받으면 파토를 선언하거나 더 받는 한 장을 뽑아가라고 한다. 앞에서 말했듯이, 경리나 은행원은 숫자를 다루는 직업이기에 화투장을 받으면 장수를 먼저 세어 본다. 영업 사원이나 사업을 하는 사람들은 패를 먼저 보고는 화투장을 세어 보지 않는 경우가 많다. 타짜들은 본인이 선일 경우는 한 장을 더 가지고 놀이를 시작한다. 한 장을 더 가지고 놀이에 임하니 상대는 그만큼 불리하게 놀이를 시작하게 된다. 중간에 점수가 나면 스톱을 걸고 패를 섞어 버린다. 때로는 더 가지고 있는 패를 기리몫에 있는 패를 가지러갈 때 두 장을 가져다 놓고 한 장만을 뒤집기 한다. 모든 것을 능수능란하게 처리하니 초보자는 알 길이 없다.

3장 고스톱 인생살이

* 쓰리 뻑을 만든다

첫 번째 설사는 고의성이 없다. 어쩌다 보니 설사를 한 것이다. 두 번째 설사는 고의성이 있을 수도 있고 없을 수도 있다. 연하여 설사를 하면 돈을 받으니 싫지 않다. 문제는 세 번째 설사다. 타짜는 세 번째 설사를 조작한다. 손에 든 패에서 두 장을 한 번에 가지고 나가서 한 장은 기리몫에 얹어 놓고 한 장으로 바닥패를 치고 기리몫에 있는 패를 뒤집으면 쉽게 쓰리뻑을 한다. 순식간에 일어나는 일이다. 자세히 보면 화투장을 높이 들어 치는 것을 볼 수 있다.

무소유 고스톱

이 게임을 진행하다보면 누구나 좋아하던 구쌍피나 똥 그리고 오광은 졸지에 가져와 서는 안 될 애물단지가 된다. 고스톱을 하던 버릇이 남아 저도 모르게 그것들을 가져 오게 되면 값을 톡톡히 치러야 한다. 그러니 이 게임에서는 가져 오는 것이 능사가 아닌 버리는 것이 미덕이다. 상황이 이렇다보니 웃지 못 할 상황도 벌어진다. 서로 광을 권하고 구쌍피나 똥 같은 것들이 끝까지 남아 있다거나 하는 일들이 그것이다. 어쩌다가 약이라도 하는 날에는 사방에서 20점에 해당하는 패들이 줄줄이 들어오는데 이것도 좋아할 일이 아니라서 패가 늘어나는데도 기쁘지가 않더란 말이다. 고스톱에서 뻑을 하거나 쪽을 해갈 때 패를 주는 게 얼마나 아깝던가? 하지만 이 게임에서는 패를 주는 일이 그렇게 기쁘지 않을 수가 없다. 싱글벙글하면서 패를 건네고 받는 사람도 헛웃음을 지으며 받아들인다.

명절이나 친목 모임에서 두런두런 둘러앉아 무소유 고스톱 한 판 하는 게 어떠한가? 광과 약을 먹지 않으려고 비지땀을 흘리는 자신의 모습이 퍽 신선하게 다가올 것이며 구경꾼들에게도 쏠쏠한 재미를 선사할 것이다.

놀이방법

4명이서 놀이를 할 경우 각각 일곱 장의 패를 가지며 바닥에는 여섯 장의 패를 깔아 놓고 게임을 시작한다.

* 점수 계산법

광 5장 - 각 20점

띠(비띠 포함) 10장

- 각 10점

열끝(똥, 구쌍피, 비쌍피 포함) 11장

- 각 5점

약(비약, 초약, 풍약) 3세트(1세트 4장)

- 각 20점 +(본인을 제외한 나머지 명수 × 20점)

4명이 놀이를 할 경우 각각 60점의 기본 점수를 차감할 수 있는데 그 이상의 점수를 획득할 경우부터 돈을 지불한다.

예를 들어, A가 비약을 하고 구쌍피와 비광을 가져와 게임이 끝났다면, 비약(20+(3×20)=80), 구쌍피(10), 비광(20)으로 110점이 되는데 기본 점수인 60점을 차감하면 50점의 초과 점수를 획득하게 된다. 그러므로 5점 당 100원의 게임이라고 가정하면 1,000원을 지불해야 한다.

만약 B가 광 2장만 갖고 게임이 끝났다면, 광(2×20=40)으로 기본 점수인 60점보다도 20점이 모자라게 되는데 이 때에는 나머지 20만큼의 돈을 가져오면 된다. 5점 당 100원의 게임이라고 가정하면 400원을 획득하게 되는 것이다.

참고로 이 게임은 돈을 벌고자 하는 게임이 아니기 때문에 5점 당 100원이나 10원의 낮은 수준을 권한다.

3장 고스톱 인생살이

고스톱

초판 1쇄 인쇄일	2012년 9월 25일
초판 1쇄 발행일	2012년 9월 26일
지은이	김원호
펴낸이	정구형
출판이사	김성달
편집이사	박지연
책임편집	정유진
편집/디자인	이하나 이원숙
마케팅	정찬용
영업관리	한미애 권준기 천수정 심소영
인쇄처	미래프린팅
펴낸곳	북치는마을

등록일 2006 11 02 제2007-12호
서울시 강동구 성내동 447-11 현영빌딩 2층
Tel 442-4623 Fax 442-4625
www.kookhak.co.kr
kookhak2001@hanmail.net

ISBN	978-89-93047-40-0 *03690
가격	12,000원

* 저자와의 협의하에 인지는 생략합니다.
  북치는마을은 국학자료원, 새미의 자회사입니다.
  잘못된 책은 구입하신 곳에서 교환하여 드립니다.